KÖNIGS FURT

Über dieses Buch

TAROT – 78 bunte Karten. Jeder hat schon davon gehört, viele sind neugierig, Millionen Menschen auf der Welt praktizieren es und legen sich Tarot-Karten.

Was ist eigentlich Tarot? Okkulte Zukunftsdeuterei? Hokuspokus? Oder vielmehr ein visuelles Mittel der Selbstfindung? Wie funktioniert Tarot? Was kann Tarot, was nicht?

Evelin Bürger und Johannes Fiebig erläutern, was Tarot ist und wie Sie es für sich mit viel Freude und Gewinn nutzen können. Sie zeigen Ihnen die Vielfalt der verschiedenen Tarot-Sorten und erläutert die einzelnen Karten. *Ziehen Sie Ihre Tageskarte(n) und erleben Sie Tarot selbst!*

Über die Autoren

Evelin Bürger, geb. 03.05.1952, und Johannes Fiebig, geb. 30.03.1953, zählen mit mehr als einer Million verkaufter Bücher weltweit zu den erfolgreichsten Tarot-Autoren. Sie leben mit ihrer Familie in der Nähe von Kiel.

Evelin Bürger / Johannes Fiebig

Tarot für Einsteiger

Königsfurt

Bibliographische Information Der Deutschen Bibliothek
Die Deutsche Bibliothek verzeichnet diese Publikation in der Deutschen Nationalbibliographie; detaillierte bibliographische Daten sind im Internet über http://dnb.ddb.de abrufbar.

Farbige, erweiterte Neuausgabe
nach der Originalausgabe von 1994 und 1999
Krummwisch b. Kiel 2004

D-24796 Krummwisch
www.koenigsfurt.com
www.tarot-online.com

Umschlag: Werkstatt München, Zembsch und Weiss, unter Verwendung der Karten »Die Welt / Das Universum« aus dem Waite-, dem Crowley- und dem Marseiller Tarot

Satz & Lithos: Stefan Hose, D-24357 Götheby-Holm
Druck & Bindung: Wilhelm & Adam, Heusenstamm
Printed in EU

Auflage:	20	19	18	17	16	15	14
Jahr:	2010	2009	2008	2007	2006	2005	2004

(maßgebliche ist jeweils die rechte Zahl)

ISBN 3-89875-700-5 (Buch separat)
ISBN 3-89875-697-1 (Buch & Karten im Set)

Inhalt

Die genaue Seitenangabe für die Besprechung der einzelnen Karten finden Sie auf der folgenden Seite.

Große Arkana / Trumpfkarten

Stäbe

Kelche

Schwerter

Münzen / Scheiben

Vorwort zur Ausgabe 2004

Aus Anlaß unseres 20-jährigen Autoren-Jubiläums erscheint diese farbige und erweiterte Neuausgabe des »Tarot für Einsteiger«, das bisher bereits 13 Auflagen erlebt hat und in viele Sprachen übersetzt worden ist.

Neu sind hier vor allem die farbige Gestaltung des Bandes und das Album mit den Abbildungen von 30 der beliebtesten Tarot-Sorten. Inhaltlich folgt diese Ausgabe im wesentlichen der Textfassung von 1999.

Danken möchten wir an dieser Stelle Harald Jösten, der manche unserer Tarot-Veröffentlichungen in den letzten Jahren begleitet und hier an den Texten des Tarot-Albums mitgearbeitet hat; weiter Stefan Hose, der in vielen Jahren der Zusammenarbeit einen Meistergrad in der Gestaltung von Tarot-Schriften bewiesen und immer wieder (nicht nur zeitliche) Drucksituationen erfolgreich behoben hat. –

Von den Motiven und Fragen, die uns persönlich in dieser Zeit bewegen, handelt folgender Text:

Dem Glück auf der Spur – mit Märchen, Träumen und Tarot

Seit der ersten Erklärung der Menschenrechte gehört das Streben nach Glück und Glückseligkeit (»the pursuit of happiness«) zu den anerkannten, unveräußerlichen Rechten des Menschen. Manche haben das jedoch mißverstanden und eine gnadenlose, egoistische Jagd nach dem Glück begonnen. Andere verzichten auf ihr Glück in fruchtloser Bescheidenheit.

Das richtige Wünschen ist eine Kunst. Das Wissen darum, wie Wünsche gelingen können, macht einen der *Hauptinhalte der Märchen* aus. Es gibt Verheißungen und Schwierigkeiten, die durch Einsatz, Abenteuer und persönliche Wandlung zum Glück führen. Solche *Wendepunkte* einer persönlichen Entwicklung muß man kennen und durchleben, sonst bleiben auch »Bestellungen beim Universum« ein frommer (oder eitler) Wunsch. Bestellungen bei Gott oder der Schöpfung können eine Neuauflage des materialistischen Konsumdenkens im spirituellen Mantel sein. Bereits die Sängerin Janis Joplin spottete in einem ihrer bekanntesten Lieder: »O Lord, won't you buy me – a mercedes benz [a color tv / etc.] ... I wait for delivery each day until 3 ...« (Lieber Gott, kauf mir doch einen Mercedes Benz [einen Farbfernseher / usw.] ... ich erwarte die Lieferung täglich bis um 3 Uhr ...).

Wunschlos glücklich: Dem Begehren steht auf der anderen Seite das große Ziel der Wunschlosigkeit gegenüber. Während das im Buddhismus einen Weg durch viele Inkarnationen bedeutet, grassieren im Westen Vorschläge und Anleitungen, wie man über ein einfaches, radikales Loslassen *sofort* hier und *jetzt* sein Glück macht. Das kann jedoch gefährlich sein: Persönliche Wünsche und Ängste brauchen ihre Zeit, bis sie sich herauskristallisieren.

Wir tragen bestimmte Wünsche in uns, die zu wesentlich sind, als daß sie einfach untergehen dürften. Und wohl jede/r besitzt gewisse Ängste, die zu drängend sind, als daß er oder sie sie ewig mit sich schleppen möchte. Diese wesentlichen Wünsche und Ängste müssen wir *abarbeiten*, bis sie erfüllt oder eben erledigt sind. Wer diese zu früh losläßt oder verdrängt, verspielt seine Mitgift, sein Startgeld (seine Talente) und kann seine Lebensaufgaben nicht erkennen, geschweige denn meistern.

Träume zeigen Ziele: Träume können Erfahrungen von umfassendem Glück vermitteln. Man bemerkt sie an der Heiterkeit am nächsten Morgen. Manchmal erinnern wir uns an solche Traumbilder voller Licht und angenehmer Wärme, an Eindrücke von außerordentlicher Schönheit, Zartheit, Wildheit oder Großartigkeit. Das sind die sogenannten *Paradiesträume*. Irgendwo tragen wir alle ein Stück Paradies in uns.

Oft ist die Rede vom inneren Heiler oder von der heilsamen Kraft des Unbewußten. Das ist als *alleinige* Aussage sicherlich irreführend. Im Unbewußten können auch unzutreffende Vorurteile oder sinnlose Tabus wirksam sein. Aber die Erinnerung an das Stück Paradies in uns hat eine heilende Wirkung. Traumdeutung wie auch die Arbeit mit Bildern und Visionen sind Wege, sich der verflossenen Glücksmomente zu erinnern und die Gestalt eines neues Paradieses zu erkunden.

»Glück ist Talent für das Schicksal«: Die Karte »X-Glück« aus dem Crowley-Tarot (S. 59) zeigt *zwei Räder* (eines senkrecht in der Mitte und eines waagerecht im Bild oben). Das *persönliche* Lebensrad und das Rad des *Schicksals* greifen wie zwei Zahnräder ineinander. Manchmal knirscht es; das eine Rad will nicht so wie das andere. Manchmal greift jedoch von den beiden Rädern das eine so passend in das andere, daß wir uns beglückt und glücklich fühlen. »Glück ist Talent für das Schicksal« hat Novalis einmal gesagt und damit genau diesen Zusammenhang beschrieben.

Glück ist nicht selbstverständlich, und so ist es nicht immer leicht zu *verstehen*, was gut für unser Glück ist. Glück will gefunden und erkannt werden.

Darin liegt auch die Bedeutung der aufgeschlagenen Bücher in der Karte X aus dem Waite-Tarot (ebenfalls S. 59): Es geht weniger um Belesenheit, als um *Einsichten* – um ein eigenes Verständnis der Zusammenhänge – so daß wir im Schicksal unser Glück und unsere Chancen erkennen können.

Daß dies immer besser gelingen möge, wünschen wir Ihnen, liebe Leserin, lieber Leser, und uns selbst. Viel Freude mit Tarot!

Königsförde, August 2004 *Evelin Bürger & Johannes Fiebig*

»Jogging für die Seele«

oder: Eine neue Ära des Tarot-Kartenlegens

Tarot ist ein altes Kartenspiel, das in der heutigen Zeit auf völlig neue Weise entdeckt wurde. Wenn man es noch gar nicht kennt, kann man sich am besten durch einen Vergleich mit der Traumdeutung eine Vorstellung davon machen, wie das Tarot-Kartenlegen funktioniert. Wir ziehen Karten und erhalten damit Bilder und Symbole, mit denen wir uns in ähnlicher Weise beschäftigen können wie mit den Bildern und Symbolen aus unseren Träumen.

Tarot ist ein Eigenname, das Wort selber läßt keine weiteren Deutungen zu. Manche sagen *»der« Tarot,* andere *»das« Tarot,* manche auch *»Tarock«*. Jedesmal ist das gleiche gemeint, ein Päckchen mit 78 Karten, die in bestimmte Stationen und Motive gegliedert sind.

Die ersten Tarot-Karten entstanden in der Renaissance-Zeit. Zwischen 1430 und 1460 wurden sie in Mailand und Bologna für große Fürstenhäuser gemalt. Die Renaissance-Zeit war ein »Schmelztiegel«, die Menschen wollten »raus aus dem finsteren Mittelalter«, sie suchten nach neuen Wegen, für die sie unzählige antike Traditionen wiederbelebten und neu entdeckten. Dieser »Zeitgeist« der Renaissance spiegelt sich in der Motivwahl des Tarot wieder. Die 78 Karten versammeln eine Fülle von typischen Motiven, Charakteren und Lebensstationen, und sie beziehen sich dabei auf viele Epochen der Kulturgeschichte, von der Renaissance zurück durchs Mittelalter bis zur griechisch-römischen Antike und in die Zeit der frühen Ägypter und Babylonier.

»Die Welt« aus dem Visconti-Tarot, dem ältesten Tarot

Mit den Hippies fing es an

Mehrere Millionen Menschen in Europa und Amerika legen sich inzwischen auf diese neue Art die Karten, die sich von der altbekannten Wahrsagerei und anderen Formen der Orakeltechnik erheblich unterscheidet. Mit den Hippies fing es an. Die Hippie-Bewegung der 1960er Jahre stöberte manches auf und machte viel Neues in der westlichen Welt populär: Zum Beispiel die Autoren Hermann Hesse und Carl Gustav Jung, den Zen-Buddhismus, das chinesische I-Ging – und nicht zuletzt die Tarot-Karten. Auf seiner LP »Desire« bildete Bob Dylan Anfang der 1970er Jahre die Karte »III-Die Herrscherin« aus dem Waite-Tarot ab. Dies ist nur ein Beispiel, wie seinerzeit Millionen Menschen mit den Tarot-Karten in Berührung kamen.

Die klassische Esoterik, so zum Beispiel Theosophen, Rosenkreuzer, Martinisten und Templer, hatte sich – vorwiegend im 19. Jahrhundert – in kleinen Zirkeln mancherorts mit der Symbolik des Tarot beschäftigt. Diese Traditionen leben noch in vielen Tarot-Büchern, die das Erbe der klassischen Esoterik auf die eine oder andere Weise aufbereiten. Und doch ist die heutige Popularität der Tarot-Karten nicht aus der klassischen Esoterik heraus zu verstehen. Sie ist ein Produkt des späten 20. Jahrhunderts. Nie zuvor haben sich so viele Menschen die Tarot-Karten gelegt. Und nie zuvor geschah dies auf die heutige selbständige, kreative Art der Deutung, die am Bild, an der Person des Betrachters und an der jeweils aktuellen Situation orientiert ist.

Liebe, Tod und Teufel

Tarot ist eine »Magie des Augen-Blicks«. Es lebt von der Begegnung mit dem »Zufall«, insofern spielt der Augenblick als Zeitmoment eine große Rolle. Der Sache nach geht es um die persönliche Wahrnehmung, um Sichtweisen und Betroffenheiten, und auch das ist mit dem Augen-*Blick,* mit dem Schauen und Erkennen, gemeint.

Der Zauber des Tarot speist sich aus **drei wesentlichen Quellen**: (1) Die Begegnung mit kulturellen und persönlichen Leitbildern; (2) die Arbeit mit dem »Zufall«; (3) die deutliche Erfahrung (Evidenz) der eigenen Sichtweise.

Leitbilder begegnen uns in jeder der 78 Karten. Besonders die 22 sogenannten »Großen Karten« laden zu einer persönlichen Auseinandersetzung mit grundlegenden Lebensorientierungen und Glaubensvorstellungen ein. Die »Großen Karten« stellen große Stationen des Lebens dar. Liebe, Tod und Teufel begegnen uns dort (siehe die Karten »VI-Die Liebenden«, »XIII-Tod« und »XV-Der Teufel« auf Seite 55, 62, 64). Auch *Geburt, Hochzeit und Tod,* dieser große Dreiklang des Lebens ist in den 22 Großen Karten enthalten (siehe für die Geburt vor allem die Karte »XIX-Die Sonne«, für die Hochzeit oder die Hoch-Zeit »VI-Die Liebenden« und für den Tod »XIII-Tod«, auf S. 68, 55 und 62).

Gerade in einer Zeit wie der unsrigen, wo viele Lebensorientierungen brüchig und fraglich geworden sind, ist Tarot heilsam und nützlich. Denn hier können wir unsere eigenen Auffassungen von Liebe, Tod und Teufel überprüfen. Wir bekommen buchstäblich eine *Anschauung* davon, was diese für uns im allgemeinen und aktuell im Augenblick des Kartenlegens bedeuten.

Sie entdecken den »Hohepriester«, den »Narr«, aber auch den »Eremit« als Kräfte in sich selbst. Und wenn man einmal deutlich gespürt hat, wie zum Beispiel »Der Eremit« nicht nur für Verlassenheit steht, sondern auch für die Fähigkeit, sich auf sich *verlassen* zu können, dann wird man neugierig auf das Geheimnis oder die tiefere Botschaft des »Eremit«. Was bedeutet sein Licht, was dieser leuchtende Diamant in seiner Lampe, und wieso entscheidet dieser über Verlassenheit und Verläßlichkeit? Da gibt es den »Herrscher« oder die »Herrscherin« – Archetypen (Urbilder, kollektive Leitbilder) der Großen Mutter und des Großen Vaters. Die persönlichen Erfahrungen und Vorstellungen mit der Rolle als Mann und als Frau, Erfahrungen mit Mutter- und Vaterbildern lassen sich hier vertiefen und aufklären.

Die Tarot-Deutung gleicht bis hierher einer Schule der selbständigen Lebensorientierung. Innerhalb des Tarot werden Sie auf keine bestimmte Weltanschauung verpflichtet. Es geht, gerade umgekehrt, darum, daß Sie hier eigene *Anschauungen* für die großen und die kleinen Fragen des Lebens entwickeln können.

Arbeit mit dem »Zufall«

Die Tarot-Karten eignen sich durch die Beschäftigung mit Leitbildern gut für viele Formen der Meditation und der Bewußtseinsentwicklung. Beim Kartenlegen kommt nun aber als besonderer Spannungsmoment noch der »Zufall« hinzu – die Frage, welche Karte nun gezogen wird. Wird die Karte dann aufgedeckt, entfaltet sich die angesprochene »Magie des Augen-Blicks«, und der Dialog zwischen Bild und Betrachter bzw. Betrachterin beginnt. Sie schauen zuerst, welche Karte erscheint, zugleich aber auch, was Sie in dem Bild erkennen und welche Botschaft darin liegt.

Indem wir selber Karten deuten, ist nicht mit dem Aufdecken der Karte allein schon die gesuchte Antwort gegeben. Erst der Dialog, die persönliche Auseinandersetzung macht die Antwort klar. Je offener und souveräner eine Deutung ist, um so größer die Freiheit, der Zwischenraum zwischen dem Aufdecken und der Verdichtung der vielfältigen Symbolik des betreffenden Bilds zu einer bestimmten Botschaft für die eigene Person. Das, was der »Zufall« bringt, wird zum Anlaß, zum Anreiz der produktiven Auseinandersetzung.

Damit wird deutlich, in welcher geistigen und kulturellen Tradition das heutige Tarot-Kartenlegen steht: Es ist, für manche erstaunlich, *nicht* die Wahrsagerei; es sind die Einflüsse aus Kunst und Wissenschaft, die uns heute im Tarot wiederbegegnen und zu einem *produktiven*, schöpferischen Umgang mit dem »Zufall« führen.

In der Wahrsagerei besaß und besitzt jede Karte relativ festgelegte Bedeutungen, und diese Bedeutungen galten oder gelten für jeden Mann und jede Frau, gleichgültig an welchem Ort und zu welcher Zeit. Tarot-Karten aber beinhalten *Bilder*. Diese lassen sich nicht ohne Verlust an Substanz in ein oder zwei Stichworte bringen. *Bilder und Symbole haben immer auch eine persönliche und eine situationsbezogene Komponente.*

Spätestens seit Anfang des 20. Jahrhunderts haben Kunst und Wissenschaft den »Zufall« als produktiven Faktor erkannt und in ihre Konzeptionen aufgenommen. Als Beispiele für viele andere seien aus der Kunst die ersten Surrealisten und Expressionisten genannt, André Breton mit seinem »direkten Schreiben« aus der Emotion, aus dem »Bauch« heraus, der Jazz und das Tanztheater, worin jedesmal der »Zufall« zur Kunst der Improvisation erhoben wird, oder zum Beispiel Pierre Bouiez, einer der Väter der »neuen Musik«, der schon in den 1950er Jahren das Konzept der sogenannten »Aleatorik« (von lateinisch »alea«, der Würfel) entwickelte, das den »Zufall« in Komposition und Darbietung der E-Musik (der sogenannten Ernsten Musik) etablierte. Aus dem Bereich der Wissenschaft: Die Heisenberg'sche Unschärferelation, viele Formen der System- und Spieltheorien sowie die Relativitäts- und die Wahrscheinlichkeitstheorien. Hinzu kommt, daß seit den 1980er Jahren alle Gesellschaftswissenschaften (Soziologie, Geschichte usw.) den *Alltag* als wichtige Neuerung für ihre Theorien entdeckt haben. Interessanterweise wird dabei nach »Deutungsmustern«, nach »Sinnbildungsprozessen« im Alltag und dergleichen gefragt, was zusätzlich deutlich macht:

Den »Zufall« als schöpferischen Faktor oder einfach als bedeutungsvollen Teil der Lebenswirklichkeit zu nutzen, dies hat das Tarot-Kartenlegen nicht erfunden. Es betreibt die Arbeit mit dem Zufall nur mit besonderer Methode und Konsequenz in spielerischem Ernst.

Sich selbst in die Augen schauen

Aus der Zeit der Frauenbewegung in den 1970/1980er Jahren stammt der Begriff, der zum Kennzeichen für das neue Tarot-Kartenlegen geworden ist: Tarot als einen *Spiegel* zu verstehen. In dem Begriff »Spiegel« ist schon vorausgesetzt, daß stets *auch* die persönliche Sichtweise entscheidend ist. Man kann mit anderen, aber *nicht für andere in den Spiegel schauen*!

Dies macht den großen Unterschied zwischen Wahrsagerei und Orakeltechnik einerseits und dem selbständigen Tarot-Kartenlegen und z. B. auch der Traumdeutung andererseits aus. Wahrsagerei und Orakeltechnik kennen in letzter Konsequenz *kein Individuum*. Ihre rezeptbuchartigen Deutungen lassen keinen Platz für den »Stern«, für die Entfaltung der persönlichen Wahrheit, die ja stets zu einem gewissen Teil eine noch unbekannte Wahrheit ist.

Stellen Sie einmal folgende Betrachtung an:

Sie sehen die Straße vor Ihrem Haus. Auf dieser Straße bewegen sich täglich viele Menschen. Es ist eine *Straße, sie ist tatsächlich* da *und ist* für alle *gleichermaßen vorhanden. Aber jeder Mensch erfährt und* sieht *diese Straße auch auf unterschiedliche Weise. Die anatomischen Gegebenheiten des Sehens – Blickhöhe, Blickwinkel, Sehstärke, Brennpunkt usw. – führen zu ganz individuellen Bildern der einen Straße.*

Lebenserfahrung und Lebenseinstellung bewirken ein übriges. Ein alter Mensch sieht diese Straße anders als ein junger, eine Frau anders als ein Mann, eine fröhlicher Mensch wiederum anders als ein verärgerter usw.

Spezielle Interessen ergänzen zusätzlich das jeweilige persönliche Bild: Wer durch die Straße möglichst schnell hindurch fahren will, sieht sie anders als eine, die dort wohnt; ein Einheimischer anders als ein Besucher aus der Ferne usw. Kurz, es ist eine und dieselbe Straße. Sie existiert und sie stellt einen gemeinsamen tatsächlichen Bezugspunkt dar, für alle, welche sie sehen und kennen. Insofern ist bei weitem nicht *alles relativ. Zugleich ist diese eine Straße aber auch ein Begriff, hinter welchem sich »viele Straßen« verbergen.*

Wir brauchen viel Erfahrung mit uns selbst und mit anderen, um diese »vielen Straßen« zu sehen. Dann geht das Ego (das unbewußte Ich) verloren, und das wahre Eigene (das bewußte Selbst oder das geläuterte Ich) tritt hervor.

Jede Karte läßt sich wie ein Vexierbild betrachten, das nicht nur unterschiedliche Bewertungen, sondern bereits unterschiedliche, sich wandelnde Wahrnehmungen möglich und nötig macht. Da beginnt das *Jogging für die Seele*, und Tarot wird zu einem Training dafür, auch in den großen und kleinen Begebenheiten des Alltags jeweils verschiedene Sichtweisen, die persönliche Betroffenheit und die eigene Bedeutung zu erkennen.

Tarot – Mittel der Lebenskunst

Es gibt Menschen, die haben gute Erfahrungen mit Wahrsagern gemacht. Sie sind erstaunt, was jemand »aus ein paar Karten heraus« ihnen sagen konnte. Dazu muß man wissen, daß auch bei der Wahrsagerei der Klient am Zustandekommen des Ergebnisses beteiligt ist. Wie viele Alltagserfahrungen, aber auch Experimente im Rahmen der Psychologie belegen, hören wir in solchen Situationen, die mit einer besonderen Spannung oder Betroffenheit verbunden sind, noch stärker als sonst das heraus, was wir hören *möchten* oder zu hören fürchten. Auch wenn man zum Wahrsager oder Kartenleger geht, ist man nicht nur passiver Empfänger, sondern selber an der Deutung und somit am Ergebnis und den Konsequenzen der Sitzung beteiligt. Allerdings geschieht dies beim Besuch beim Wahrsager meistens unbewußt, während das neue, selbständige Tarot-Kartenlegen gerade versucht, bewußt damit umzugehen, wie man zu einer Deutung kommt.

Positive Erfahrungen mit der Wahrsagerei, mit Tarot als bloßem Orakel, sind nur ein kleiner Hinweis darauf, daß es *größere Zusammenhänge* in der Wirklichkeit gibt, als man bisher angenommen hat.

Viele Menschen machen diese Erfahrung auch ohne jede Wahrsagerei. Da ist zum Beispiel die Geschichte einer Frau, die in Italien Urlaub macht und plötzlich vom Gefühl erfüllt ist, ihr Kind zu Hause in Deutschland sei krank und brauche Hilfe. Als sie trotz zahlreicher Versuche telefonisch weder Kind noch andere Angehörige erreichen kann, bricht sie kurzentschlossen ihren Urlaub ab, fährt nach Hause und stellt fest, daß ihre Ahnung richtig war: Das Kind ist krank und braucht tatsächlich ihre Hilfe.

Viele weitere Beispiele ließen sich nennen. Jedesmal, wenn wir mit solch größeren Dimensionen des Lebens in Berührung kommen, bietet es sich an, den Geheimnissen von Schicksal und Bedeutung, von Ahnung und Intuition *selbständig, achtsam und kontinuierlich* nachzugehen. Die Beschäftigung mit Tarot (und anderen Symbolsprachen wie Märchen, Mythen, Träume u. a.) stellt eine hervorragende Möglichkeit dazu dar. Man macht seine eigenen Erfahrungen mit jenen berühmten »Dingen zwischen Himmel und Erde«, die jede Schulweisheit übersteigen – ohne daß man auf ein eigenes Urteil oder seine Unabhängigkeit verzichten müßte.

Viele Menschen haben aber auch sehr üble Erfahrungen mit der Wahrsagerei gemacht. Einer Frau in Luxemburg wurde von einem Kartenleger prophezeit, daß sie noch innerhalb der laufenden Woche eine schwere Katastrophe erleben würde. Die Frau war sehr schockiert und andererseits so gewitzt, daß sie noch am selben und am folgenden Tage drei weitere Wahrsager aufsuchte. Diese wußten ihr alles Mögliche zu erzählen, aber nichts von einer Katastrophe. Die Woche ging vorüber, und die einzige wirkliche Katastrophe, die die Dame in der Zeit erlebte, war der erste Wahrsager selbst und seine ungeheuerliche Prophezeiung.

Einer Frau in Duisburg, die mit ihrem kleinen Kind von ihrem Mann alleingelassen worden war, versprach eine Wahrsagerin, bis Weihnachten werde ihr Mann wieder zurücksein. Am ersten Weihnachtstag saß die Frau noch erwartungsvoll, alles vorbereitet, zu Hause. Als dann am Nachmittag des zweiten Weihnachtstages (und auch danach) ihr Mann sich nicht blicken ließ, da schlugen der Glaube und die Hoffnung, die sie in die Wahrsagerin gesetzt hatte, in große Enttäuschung und Verzweiflung um. Später fing sie selber an, für sich Karten zu legen, und das half ihr, mit ihrem Schmerz fertigzuwerden.

Ein seinerzeit etwa 12-jähriger Junge war einmal bei Autorin und Autor zu Besuch, sah die Tarot-Karten und blätterte ganz fasziniert und aufgeregt in ihnen herum. Dabei fragte er wiederholt nach der »Todeskarte«. Es stellte sich heraus, daß er einen James-Bond-Film gesehen hatte, in dem ebenfalls Tarot-Karten vorkommen. Darin muß jedesmal, wenn die Karte »Tod« auftaucht, jemand sterben. Für den Jungen reichten einige Worte zur Erklärung und zur Beruhigung. Gerade die Karte »Tod« macht aber noch einmal den Unterschied zwischen alter Wahrsagerei und heutiger Symboldeutung deutlich. Heute geht es beim »Tod« erstens darum, etwas zu beendigen, zu erledigen und/oder loszulassen. Wenn es aber um den großen Tod, um das Sterben geht, so zeigt die Tarot-Karte (in den meisten Versionen) einen Sensemann oder Schnitter. Und der Schnitter will in erster Linie *ernten.* So daß die Erinnerung an den Tod hier die Frage aufwirft: *Was wollen Sie in Ihrem Leben ernten?*

Unsere Wünsche und unsere Ängste sind so etwas wie der rote Faden, wenn wir uns selbständig in die Welt der Symbole begeben. Sinnvolle Wünsche sollen erfüllt und sinnlose abgelegt werden; berechtigte Ängste wollen berücksichtigt und unberechtigte Ängste beseitigt werden.

Wenn die inneren Bilder beweglich werden, laufen lernen und bis zu dieser Sortierung der Wünsche und Ängste, ja, sogar bis zur Antwort auf diese Frage, was wir ernten wollen, vordringen – dann erfüllt die Symbolsprache Tarot ihren Dienst. Indem sie persönliche Erfahrungs- und Wandlungsprozesse einleitet und begleitet, ist sie wirkungsvolles Training und wichtiger Teil der Lebenskunst.

Zur Auswahl der Karten

Es gibt über 1.000 verschiedene Sorten Tarot-Karten, davon sind rund 400 im Handel erhältlich. Ein großer Teil davon sind historische Ausgaben, die das alte Marseiller Tarot variieren. Eine weitere große Gruppe besteht aus Neuschöpfungen, die insbesondere seit den Hippie-Zeiten entstanden sind.

Waite-Tarot

»Die Welt« aus dem Waite-Tarot

Mit großem Abstand am verbreitetsten ist das *Waite-Tarot,* auch als Rider-Tarot oder Rider-Waite-Tarot bekannt. Es wurde von Arthur E. Waite und Pamela Colman Smith 1909 veröffentlicht und erschien im Londoner Verlag Rider. Dieses Deck, wie man einen Satz Karten auch nennt, ist für viele Menschen besonders leicht zugänglich, obwohl (und weil) es eine enorme Dichte und Konsequenz in der Komposition der Symbole und Motive besitzt. Vom ersten Einstieg bis zur professionellen Verwendung in Symbolkunde und Psychologie besitzt dieses Waite-Tarot eine unglaubliche Tiefe, eine enorme Vielzahl von Ebenen, auf der es betrachtet und verstanden werden kann.

Das heutige Tarot-Kartenlegen wäre ohne das Waite-Tarot kaum vorstellbar. Nicht zuletzt, weil es das erste Tarot-Spiel war, das durchgängig auf allen 78 Karten *Bilder* präsentierte, wurde es zum Wegbereiter der derzeitigen Tarot-Deutung, die ganz wesentlich auf der *visuellen Wahrnehmung* der Karten beruht. So stellt das Waite-Tarot die Grundlage, gleichsam den »Archetyp« des heute bekannten Tarot dar. Entweder starten Sie also mit dem Waite-Tarot, oder Sie suchen sich eine andere Sorte aus, die Ihrem persönlichen Geschmack entspricht, und legen sich daneben zum Vergleich und als Hintergrund das Waite-Tarot zu. Welche Karten Sie auch sonst benutzen, das Waite-Tarot stellt die beste Ergänzung dar.

Crowley-Tarot

Das *Crowley-Tarot* folgt, mit einigem Abstand, in der Beliebtheit auf das Waite-Tarot. Es wurde von Aleister Crowley und Lady Frieda Harris 1943 herausgebracht. Erst später, ebenfalls bedingt durch die Hippie-Zeit, wurde es auf Karten gedruckt (1969).

Das Crowley-Tarot zeichnet sich durch seine energiegeladene Darstellungsweise aus und besitzt im übrigen eine allegorische, d.h. sinnbildhafte Symbolik, die in sich lebt und zu einer persönlichen Betrachtungsweise auffordert. Sein besonderer Vorteil ist die oft sehr geistvolle und prägnante Darbietung traditioneller Tarot-Motive.

»Das Universum« aus dem Crowley-Tarot

Aleister Crowley war und verstand sich selbst als »Schwarzmagier«. Das bringt verschiedentlich Berührungsängste gegenüber den Crowley-Karten mit sich. Als Mensch ist Crowley nicht zur Nachahmung zu empfehlen. Doch nicht nur bei ihm, auch bei vielen bekannten Künstlern gibt es einen Unterschied zwischen Leben und Werk. Jedenfalls existiert kein zwingender Grund, von den Crowley-Karten Abstand zu nehmen. Sie stellen im Gegenteil eine bedeutende und vielsagende Bereicherung des Tarot dar.

Tarot de Marseille

Das *Marseiller Tarot* stellt, neben den Karten aus der italienischen Renaissance, die älteste Linie des Tarot dar. Es ist heute noch wichtig, weil viele Vertreter der traditionellen Esoterik sowie Symbolforscher aus der Schule um und nach C.G. Jung sich vorwiegend mit diesem Marseiller Tarot beschäftigt haben; deren Schriften und Ausarbeitungen sind häufig wieder neuaufgelegt worden, und insofern spielt auch das Marseiller Tarot in der heutigen Tarot-Landschaft eine nicht unbedeutende Rolle.

»Die Welt« aus dem Tarot de Marseille

In diesem Buch haben wir zur Besprechung der einzelnen Karten jeweils Abbildungen aus dem Waite-, dem Crowley- und dem Marseiller Tarot gewählt. Diese drei Sorten zusammen können als der heute »klassische« Fundus des Tarot betrachtet werden. Es gibt daneben viele weitere, auch kunstvolle Varianten des Tarot. Erwähnt seien die Tarot-Karten von Salvador Dalí, Margarete Petersen und Hermann Haindl. Beliebt sind auch das Blumenelfen-Tarot, das Teen-Witch-Tarot sowie das Osho-Zen-Tarot. Aber an der Stelle müßten eigentlich noch viele weitere Namen genannt werden.

Wenn man ein repräsentatives Bild der Tarot-Szene geben möchte, so muß man entweder die erwähnten drei »klassischen« Tarot-Decks darstellen (und hat etwa 95 % der benutzten Tarot-Spiele erfaßt), oder man müßte im nächsten Schritt etwa 200 Spiele abbilden (um dann etwa 98 % erfaßt zu haben). Aus verständlichen Gründen haben wir uns für die erste Alternative entschieden und bilden die drei »klassischen« Tarot-Varianten ab, im Bewußtsein, daß wir dadurch nicht nur die überwiegende Mehrheit aller Tarot-Interessenten erreichen, sondern daß auch diejenigen, die eine andere Variante des Tarot bevorzugen, dennoch in der einen oder anderen Weise auf das Waite-, das Crowley- oder das Marseiller Tarot Bezug nehmen werden.

Gleichwohl sind die Deutungstips zu den einzelnen Karten (ab Seite 49) so abgefaßt, daß sie sich nicht nur auf die abgebildeten Karten beziehen, sondern versuchen, das Typische der betreffenden Station des Tarot herauszuarbeiten, das schließlich allen Varianten des Tarot gemeinsam ist und bleiben wird.

Wie beginnen

Blättern Sie in Ihrem Päckchen Tarot-Karten. Schauen Sie sich die Bilder an. Greifen Sie einzelne Karten heraus, die Sie besonders ansprechen.

- Wenn Sie sich dazu bereit fühlen, ziehen Sie Ihre erste Tageskarte: Mischen Sie, wie Sie es gewohnt sind. Halten Sie die Bilder verdeckt, d.h. nach unten gerichtet, und ziehen Sie dann, mit einer gewissen Entspannung und Konzentration, *eine* Karte. (Es gibt keine Vorschriften, *wie* Sie mischen, und auch nicht, *wie* Sie ziehen, ob von unten oder von oben oder sonstwie aus den aufgestapelten oder aufgefächerten Karten.) – Die *Tageskarte* ist mit keiner speziellen Fragestellung verbunden. Sie stellt ein *Tagesthema* für Sie dar. Eine Station des Tarot wird damit wie durch ein Vergrößerungsglas für den betreffenden Tag besonders hervorgehoben.
- Schlagen Sie in der Tabelle auf Seite 136 f. nach, welche Tarot-Karten zu Ihrem Tierkreiszeichen gehören. Schauen Sie sich diese sechs Karten oder einzelne davon in Ruhe an.
- Vielleicht nutzen Sie die Gelegenheit auch sogleich dazu, sich etwas Klarheit darüber zu verschaffen, welche *Wünsche* Ihnen am Herzen liegen, wenn Sie sich jetzt für das Tarot-Kartenlegen interessieren. Damit nehmen Sie von vornherein den »roten Faden« auf, der Sie durch das selbständige Legen und Deuten des Tarot führen wird.
- Wenn Sie sich in der Bilderwelt des Tarot orientieren, werden Sie feststellen, daß es Karten mit und ohne Untertitel gibt und daß fünf Gruppen von Karten existieren. Vier von diesen Gruppen erkennen Sie daran, daß in ihnen jeweils ein Symbol immer wiederkehrt. Es handelt sich dabei um die Karten mit Stäben, Kelchen, Schwertern und Münzen (im Crowley-Tarot heißen die Münzen »Scheiben«). Die Stäbe, Kelche usw. bilden jeweils eine »Farbreihe«. Damit ist nicht eine bestimmte Farbigkeit der zugehörigen Bilder gemeint, sondern ein Satz Karten mit demselben Symbol, wie Sie es aus dem Skat-Spiel von Herz, Kreuz, Pik und Karo kennen.

  Die vier Farbreihen machen 56 Karten aus. Diese 56 zusammen werden die *kleinen Arkana* genannt (Arkanum = Geheimnis, Arkana ist die Mehrzahl). Die fünfte Gruppe, die nun noch übrigbleibt, sind die 22 *gro-*

ßen Arkana, die »großen Geheimnisse« oder die großen Stationen des Tarot. Diese 22 »Großen Karten« erkennen Sie im Waite-Tarot daran, daß nur bei diesen am Kopf eine Zahl *und* am Fuß ein Untertitel angegeben sind. Im Crowley-Tarot sind sie durch das in großer, blasser Schrift gedruckte Wort »Trümpfe« gekennzeichnet, in den meisten Varianten des Marseiller Tarot dadurch, daß nur sie am Kopf eine Zahl tragen.

- Im Crowley-Tarot und in einigen weiteren Tarot-Arten sind nicht nur die Standardtitel, wie »Der Magier«, »Der Eremit« oder »Der Narr«, aufgedruckt. Zusätzlich tragen diese Karten auch bestimmte Interpretationen als Untertitel, wie zum Beispiel »Erfolg«, »Reichtum« oder »Enttäuschung«. Diese aufgedruckten Interpretationen sind als *alleinige* Beschreibung der betreffenden Tarot-Karten völlig *unzureichend.* Gerade am Anfang ist es wichtig, daß Sie sich von diesen Aufschriften *nicht* beeinflussen lassen. – Falls Sie ein Tarot-Spiel verwenden, das diese speziellen Untertitel besitzt, ist es gut, wenn Sie diese bis auf weiteres mit Korrekturband oder ähnlichem überkleben oder beim Aufdecken buchstäblich den Daumen darauf legen.
- Gehen Sie alle 78 Karten wieder einmal durch und schauen Sie diesmal, welche im Moment Ihre *Lieblingskarte* ist. Die Karte, die Sie am meisten anspricht oder die Ihnen am besten gefällt, nehmen Sie einmal aus dem Päckchen heraus. Merken Sie sich, welche Karte es ist und was Ihnen daran besonders zusagt.
- Wenn Sie möchten, können Sie aus Ihrem Geburtsdatum die sogenannte »Persönlichkeitskarte« errechnen. Dazu wird aus den Ziffern Ihres Geburtsdatums die Quersumme gebildet: Zum Beispiel 8.8.1982 ergibt 8+8+1+9+8+2 = 36. Liegt diese Summe bei einer Zahl zwischen 1 und 21, so ist die Große Karte aus Ihrem Spiel, die die gleiche Zahl trägt, die zugehörige Persönlichkeitskarte. (Ist z. B. die Quersumme 19, so ist die Persönlichkeitskarte XIX-Die Sonne.) Beträgt die Quersumme 22, so gilt die 22. Große Karte – das ist »Der Narr« – als betreffende Persönlichkeitskarte.

  Liegt die Quersumme, wie im obigen Beispiel, jedoch bei 23 und höher, so müssen Sie aus der errechneten Quersumme noch einmal die Quersumme ziehen. Zum Beispiel ergibt 36 dann als weitere Quersumme 3+6 = 9; die Große Karte mit der gleichen Ziffer ist nun die zutreffende Persönlichkeitskarte (in diesem Beispiel IX-Der Eremit).
- Alles Nähere für eine *größere Auslage zur Beantwortung bestimmter Fragen* finden Sie auf den folgenden Seiten.

Einführung in die Tarot-Praxis

Es gibt kaum nennenswerte Vorschriften, was das eigentliche Tarot-Kartenlegen angeht. Regeln und Erfahrungswerte der Deutungskunst sind vorhanden (und finden sich hier ab Seite 43). Aber ob Sie beispielsweise mit links oder mit rechts die Karten mischen oder abheben – diese und viele andere Vorschriften zum Kartenlegen selber stammen aus der Wahrsagerei und sind für das selbständige Tarot-Kartenlegen ohne weitere Bedeutung. Den Vorgang des Kartenziehens können Sie so feierlich oder so unkompliziert gestalten, wie Sie nur möchten. Die »Magie« des Tarot liegt in den Bildern selbst und nicht in den äußeren Formen des Kartenlegens.

Gut und geeignet ist daher alles, was Ihre Aufmerksamkeit für die Bilder, die Sie ziehen, fördert. Eine seelische und geistige Offenheit ist da vor allem gefragt. Und natürlich der Mut, den Gefühlen und den manchmal unbekannten Wirklichkeiten, denen wir anhand der Tarot-Bilder begegnen, ins Auge zu schauen.

Den besten Einstieg liefert die »Tageskarte«. Morgens oder abends wird täglich oder doch einigermaßen häufig eine Karte gezogen – als Symbol, als Motivierung oder als besinnlicher Reflex des persönlichen Tagesgeschehens.

Viele Menschen finden es angenehm und nützlich, sich ein Heft oder Tagebuch anzulegen. Dort können Sie die Tageskarten und Ihre Eindrücke dazu festhalten. Auch Ihre größeren Auslagen zu bestimmten Fragen können Sie dort notieren und in ihrer Entwicklung verfolgen. So entsteht Ihr persönliches Tarot-Arbeits- und Tagebuch.

Und noch etwas: Finden Sie *Ihren* Weg, und bleiben Sie auf ihm. Lösen Sie sich von vorgefaßten Erwartungen, wie denn eine »gute« oder »richtige« Deutung der Karten auszusehen habe. In der Regel erschweren solche Vorbewertungen und Vergleiche das Erlebnis Ihrer eigenen Anschauung und Betroffenheit im Tarot. Doch gerade in der unmittelbaren Erfahrung der eigenen Betroffenheit im Angesicht der Bilder und Symbole liegt der Zauber des Tarot.

»Spielregeln«

Maßgeblich ist, was *Sie* in der jeweiligen Karte sehen. Lassen Sie sie auf sich einwirken. Nutzen Sie die Deutungen und Interpretationen aus der Literatur. Doch es geht um *Ihre* Wahrnehmung und Entscheidung.

- Alle 78 Karten sind untereinander »gleichberechtigt« und gleichwertig. Es gibt keine an-sich-guten oder an-sich-schlechten Karten.
- Jede Bildgestalt – ob Mann oder Frau, Kind oder Erwachsene/r, Mensch, Tier, Ding, Form, Farbe u.a.m. – kann Sie und/oder einen bestimmten Teil von Ihnen darstellen.
- Achten Sie darauf, aus welcher Perspektive Sie das betreffende Bild wahrnehmen. Identifizieren Sie sich mit der Bildfigur? Wenn mehrere Gestalten im Bild enthalten sind, finden Sie sich dann in allen wieder, oder wo sehen Sie Ihren Anteil? Jede Karte kann aber auch für Menschen, Dinge oder Vorgänge in Ihrer Umgebung stehen. Bestimmen Sie also Ihr Verhältnis zu den einzelnen Bild- und Symbolgestalten.
- *Jede* Karte besitzt »positive« und »negative« Bedeutungen. Entscheidend ist, was Sie *erleben* und empfinden in dem Moment, wenn Sie ein Bild aufdecken. Im Wechselspiel zwischen Bild und Betrachter/in konkretisiert sich die persönliche und aktuelle Bedeutung einer Karte.
- Für die selbständige Deutung des Tarot ist es von daher außerordentlich hilfreich, wenn Sie Ihre volle Aufmerksamkeit auf jede einzelne Karte, die aufgedeckt wird, richten; und wenn Sie gleichzeitig *Ihre eigenen Reaktionen* und Gefühle dabei beobachten. Wenn Sie voll bei der Sache, das heißt bei der jeweils vorliegenden Karte, sind und zur gleichen Zeit vor Ihrem geistigen Auge Ihr eigenes Verhalten beobachten, besitzen Sie einen direkten, spannenden und wirkungsvollen Zugang sowohl zu den Karten wie auch zu Ihrer Selbsterfahrung. Um so deutlicher erleben Sie die »Magie des Augen-Blicks«.
- Jede Karte spricht für sich und bei jeder neuen Betrachtung möglicherweise auf eine andere Art. Lassen Sie sich auf ihre Botschaft ein.
- Nehmen Sie selbst die Karten in die Hand. Entspannen Sie sich. Atmen Sie tief. Konzentrieren Sie sich auf Ihre innere Fragestellung.

Zum praktischen Vorgehen

Benutzen Sie alle 78 Karten eines Tarot-Spiels. Die gelegentlich anzutreffende Sitte, nur 22 Karten zu verwenden, stammt aus der Zeit vor 1910, als für nur 22 Karten (die Großen Arkana) Bilder existierten. Heute ist die generelle Beschränkung nicht mehr sinnvoll.

- Überlegen Sie sich Ihre Frage, die Sie nun an die Tarot-Karten richten möchten. Für die Art der Frage gibt es keine zwingenden Ge- und Verbote (vgl. nächste Seite).
- Wichtig ist zu wissen: Die Karten wirken wie ein Spiegel. Sie können Fragen über zweite oder dritte Personen stellen. Die Antwort der Karten schließt dabei stets Ihr Verständnis und Ihr Verhältnis zu diesen Personen mit ein. Wenn Sie Fragen über andere Personen stellen, sind dennoch auch Sie selbst mit im Spiel.
- Mischen Sie die Karten, wie Sie es gewohnt sind. Alle verpflichtenden *Vorschriften* (Kartenziehen mit links; Mischen durch Rühren auf dem Tisch; Auffächerung der Karten im Halbkreis oder im Kreis usw.) sind Humbug. Nichts gegen ein persönliches Ritual. Aber in diesen Fragen keine verpflichtenden Vorschriften.
- Für das selbständige Tarot-Kartenlegen ist es üblich und typisch, daß der Frager oder die Fragerin die Karten selber mischt, selber auslegt, selber beschreibt und deutet. Wer die Frage stellt, sollte die Karten auch selber bewegen und bei der Deutung das erste und das letzte Wort haben. Andere anwesende Personen bei einer Auslage sind zum Gespräch und zur Begleitung dabei – zur Unterstützung und, wenn es sein muß, auch einmal zur Kritik.
- Legen Sie nach einem Legemuster aus, das Sie zuvor ausgewählt haben. Sie können dazu Legemuster aus den Tarot-Büchern benutzen, aber auch eigene entwerfen (vor einer Kartenbefragung).
- Ziehen Sie die Karten, wie Sie es gewohnt sind. Legen Sie sie verdeckt in Form des Legemusters vor sich hin.
- Die Karten werden dann (im Normalfall) *einzeln* aufgedeckt. Erst wenn die Betrachtung und Interpretation einer Karte beendet ist, soll die nächste aufgedeckt werden.
- Alles, was während einer Kartenbefragung *geschieht,* kann zum Inhalt der gesuchten Antwort gehören.
- Alle Karten einer Auslage *zusammen* geben die Antwort auf Ihre Frage.

Zur Art der Frage

Alle Fragen, die Ihnen wichtig erscheinen, die Sie zum Beispiel in Ihr Tagebuch schreiben würden, können Sie mittels der Tarot-Karten klären. Auch was die Art der Fragen angeht, sollten Sie sich an das halten, was Ihnen auf dem Herzen liegt und was Sie bewegt.

- Aus der traditionellen Wahrsagerei stammt die Regel, *man* dürfe nicht für sich selbst oder für nahe Angehörige die Karten legen. Diese Regel ist beim selbständigen Tarot-Gebrauch ohnehin hinfällig. Denn für uns selber tun wir es ja gerade, und für andere – gleich, ob nahe Angehörige oder entfernte Bekannte – könnten wir es gar nicht. Diesen können wir »nur« zeigen und erklären, wie sie es selber machen können.
- Dann liest man des öfteren, es dürften keine Ja- und Nein-Fragen an das Tarot gerichtet werden. Warum denn nicht? *Wenn* Ihnen eine Ja-oder Nein-Frage am Herzen liegt, dann ist es vollkommen in Ordnung, wenn Sie diese Frage auch an die Karten stellen. Denn gerade für das, was für Sie innerlich von Bedeutung ist, sind die Tarot-Karten gut. Der Ausgang der Befragung ist selbstverständlich vorab offen. Sie können, je nachdem, in den Karten eine bestimmte Richtung erkennen, oder Sie erfahren die *Zusammenhänge*, die mit Ihrem Ja oder Nein einhergehen.
- Die Karten wirken wie ein Spiegel, und daher soll der oder die Fragesteller/ in, wie zuvor erwähnt, die Karten selber ziehen und deuten. – Wenn Sie mit mehreren Personen ein Tarot legen, so kann der oder die Fragende die eigene Frage den anderen mitteilen oder auch für sich behalten. Beides hat seinen Vorteil: Ist die Frage bekannt, so kann man sich bei der Deutung der Bilder auf die Frage beziehen. Bleibt die Frage anonym, so bringt dies den Vorteil – besonders bei Leuten, die sich ohnehin schon gut kennen – , daß man, statt eines bloßen Meinungsaustausches, stärker dazu angehalten wird, die Bilder und Symbole auf neue Antworten hin zu untersuchen.
- Die Antwort auf Ihre gestellte Frage gibt jedesmal die Auslage insgesamt, nicht eine einzelne Karte aus dieser Auslage. In der Schlußbetrachtung können Sie für jede Auslage auch die *Quersumme* der ausgelegten Karten berechnen. Dabei werden die Ziffern aller aufgedeckten Karten addiert (Hofkarten, wie Königin, Ritter usw., und »Der Narr« zählen als 0, und Asse zählen als 1). Mit der errechneten Quersumme verfahren Sie so, wie es für die Persönlichkeitskarte auf Seite 20 beschrieben wurde.

Die Große Karte, deren Ziffer der errechneten Quersumme entspricht, ist die *Quersummenkarte* oder »Quintessenz«.

Die Bedeutung der Quersummenkarte: Die Auslage selber ist und bleibt vollständig; durch die Quersummenkarte *kommt nichts Neues* hinzu. Die Quersummenkarte stellt eine mögliche Zusammenfassung der Auslage dar, wie eine Überschrift, manchmal aber auch wie eine Kontrollkarte zur Gegenprobe.

Legemuster

»Zwei Auslagen für alle Fälle«

1 – Aktuelle Situation
2 – Vergangenheit oder das, was schon da ist
3 – Zukunft oder das, was neu zu beachten ist

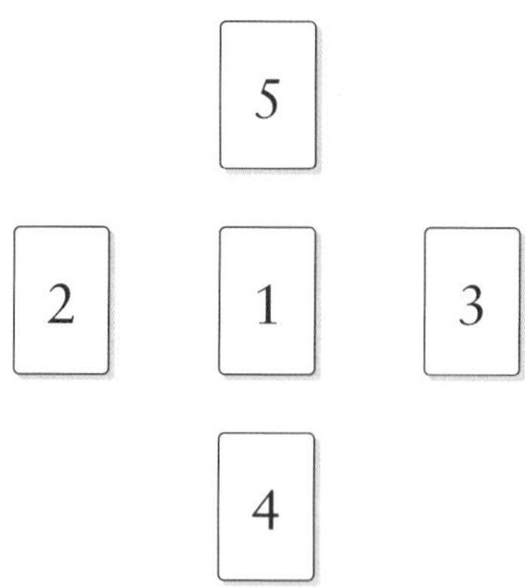

1 – Schlüssel oder Hauptaspekt
2 – Vergangenheit oder das, was schon da ist
3 – Zukunft oder das, was neu zu beachten ist
4 – Wurzel oder Basis
5 – Krone, Chance, Tendenz

»Tendenzen & Perspektiven«

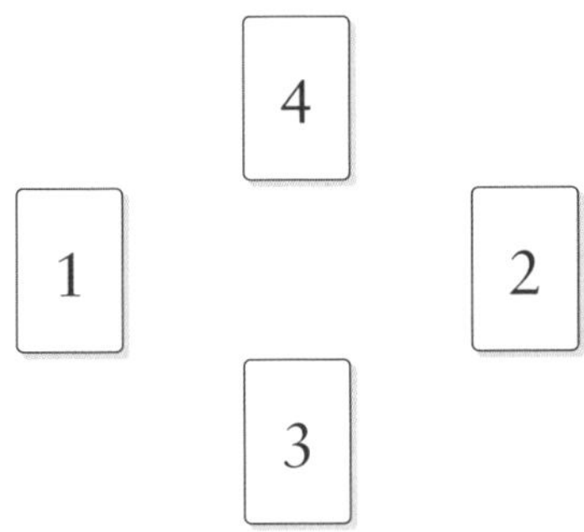

1 und 2 – Hauptaussage
3 – Wurzel oder Basis
4 – Himmel, Chance, Tendenz

oder

1 – Einerseits/Der Aspekt, den Sie schon kennen
2 – Andererseits/Die Kehrseite
3 – Was geändert werden muß
4 – Urteil, Perspektive

»Der Stern«

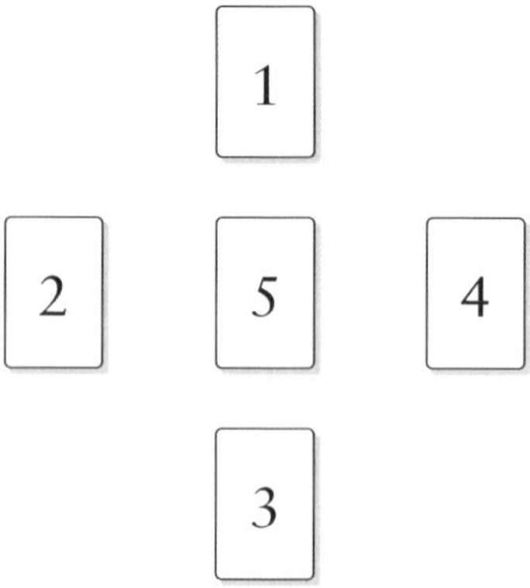

1 – Wo Sie stehen
2 – Ihre Aufgaben
3 – Ihre Schwierigkeiten
4 – Ihre Stärken
5 – Ihr Ziel

oder

1 – Wo Sie stehen
2 – Ihre Aufgaben
3 – Ihre Ängste
4 – Welche Einstellung Ihnen weiterhilft
5 – Das Ergebnis der Bemühungen

»Das Pentagramm«

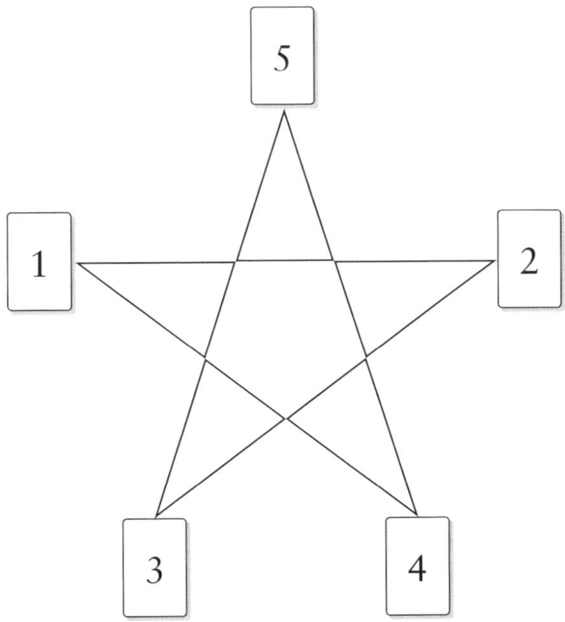

1 – Da kommen Sie her
2 – Dort gehen Sie hin
3 – Das fällt Ihnen schwer
4 – Das gibt Ihnen Sinn
5 – Das bedeutet Ihnen viel: Ihr großes Ziel

»Entscheidungsfragen«

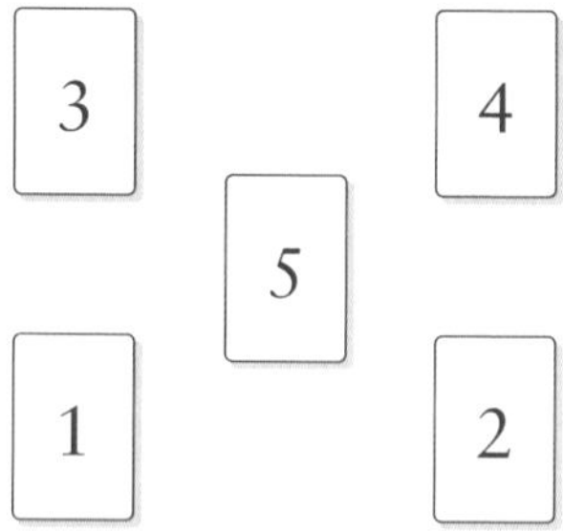

1 und 2 – Wo Sie herkommen, einerseits/andererseits
3 und 4 – Wo Sie hingehen, Gefahren/Chancen
1 und 3 – Das spricht dagegen
2 und 4 – Das spricht dafür
5 – Urteil

»Gipfel des Glücks«

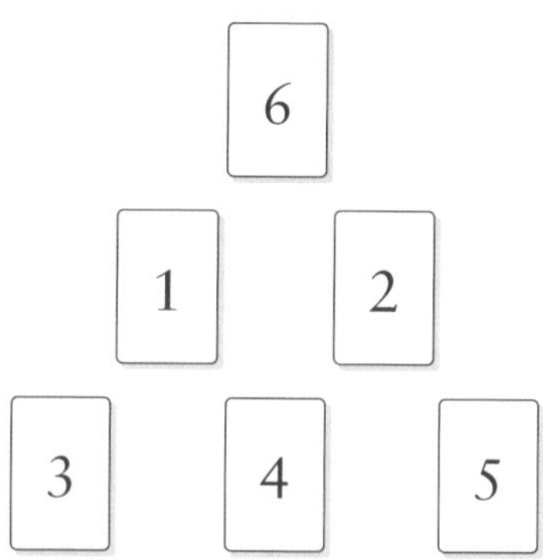

1 – Das werden Sie los
2 – Das erreichen Sie
3 – Das kommt mit
4 – Das bringt Ihnen Glück
5 – Das tritt Ihnen noch entgegen
6 – Diese Lösung bringt Ihnen Segen

»Das Schwert«

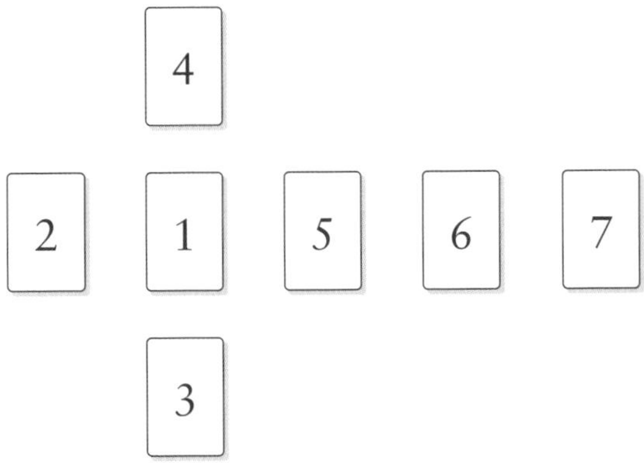

1 – Der Kern der Sache
2 – Ihr Ansatzpunkt
3 – Ihre Basis, Ihre Stütze
4 – Ihre Chance/Was Ihnen zu Hilfe kommt
5 – Ein Problem wird gelöst
6 – Ein Wunsch geht in Erfüllung
7 – Neue Erkenntnis, neues Verständnis

»Bestandsaufnahme«

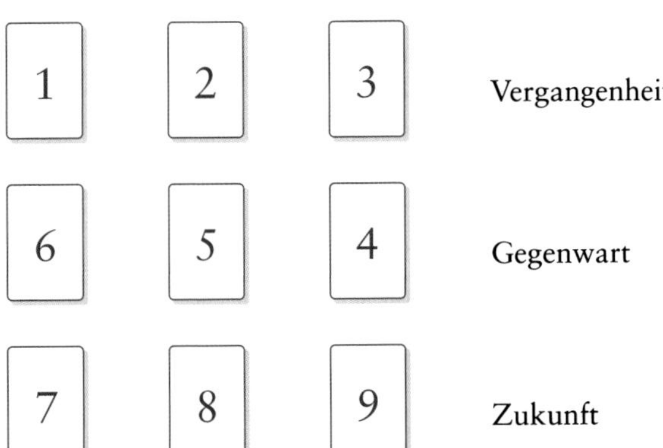

»Traumziel«

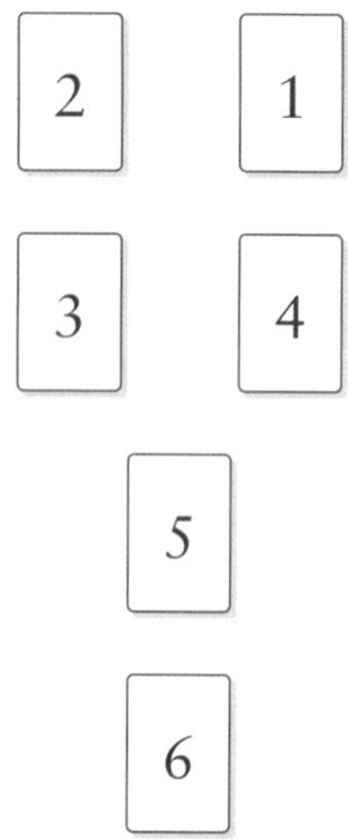

1 – Wo Sie stehen
2 – Wohin Sie gehen
3 – Ihre Wünsche
4 – Ihre Ängste
5 – Ihr wirkliches Verlangen
6 – Das Geheimnis Ihrer Suche

»Lösungsweg«

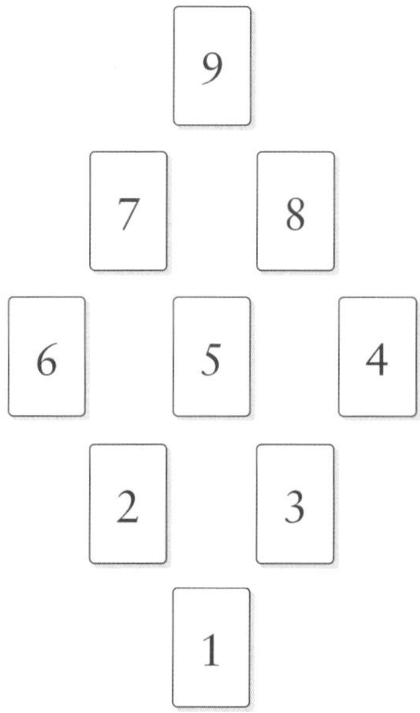

1 – Ihre Mitgift
2 – ... deren Fluch
3 – ... deren Verheißung
4 – Eine Herausforderung für Sie
5 – Ein bleibendes Rätsel für Sie
6 – Eine Last, aber notwendig für Sie
7 – Ihre Aufgabe
8 – Ihr Problem
9 – Ihre Lösung

»Der Weg der Wünsche«

Bei dieser Auslage werden die Karten nicht gezogen, sondern ausgesucht. Insgesamt benötigen Sie fünf Karten.

Zuerst eine für das, was ist. Wählen Sie mit Ruhe und Konzentration ein Bild für Ihre momentane Situation. Wenn Sie diese Karte gefunden haben, legen Sie diese vor sich hin. Dann finden Sie eine für das, was sein soll, das heißt, für das, was Sie sich wünschen. Nehmen Sie sich dafür soviel Zeit wie Sie benötigen.

Wenn dann diese beiden Karten vor Ihnen liegen, schieben Sie diese auseinander, und suchen Sie drei weitere Karten aus, die als Verbindungsstück, als Brücke dienen können, um von dem, was ist, zu dem gewünschten Ziel zu gelangen. Achten Sie bei der Auswahl darauf, daß es eine tragfähige Brücke wird und daß Sie auf der anderen Seite *ankommen*.

Zum Schluß betrachten Sie die Karten durchgängig als *einen* Weg und eine Geschichte.

1 – Momentane Situation
2 – Wunschvorstellung
3, 4, 5 – Brücke von 1 nach 2

»Mut zur Lücke«

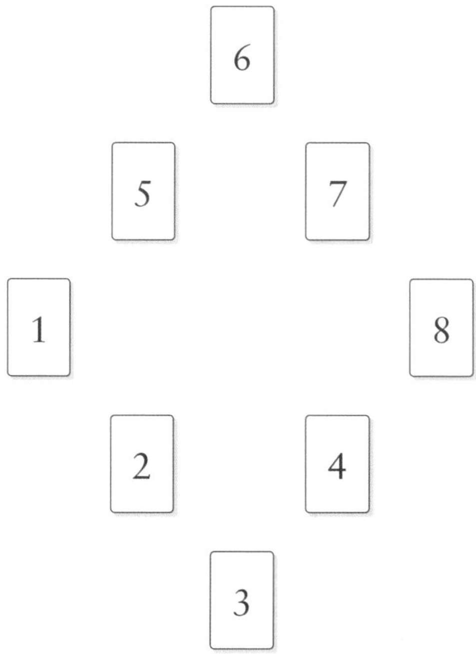

1 – Das ist möglich
2 – Das ist wichtig
3 – Das ist mutig
4 – Das ist nichtig
5 – Das ist nötig
6 – Das ist heiter
7 – Das ist witzig
8 – Das führt weiter

»Keltisches oder Sonnenkreuz«

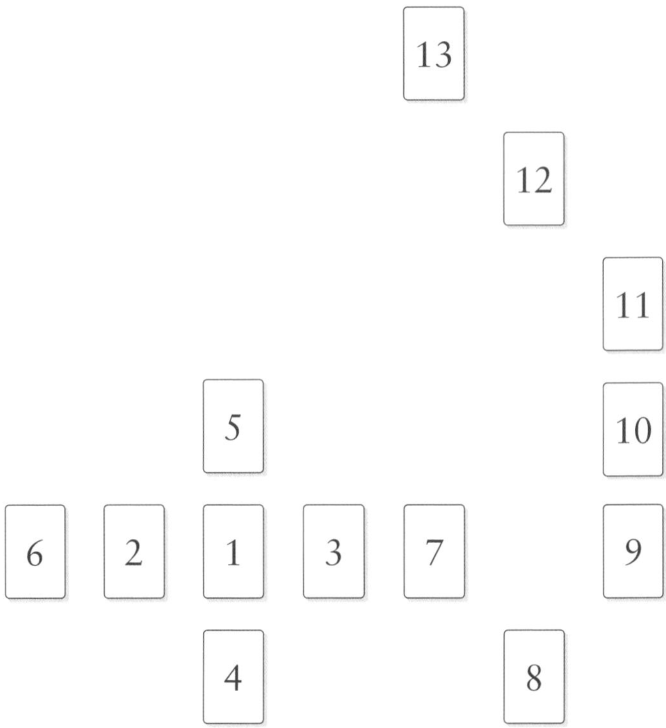

1 – Thema der Frage, Sie selbst
2 – Positive Ergänzung zu 1
3 – Negative Ergänzung zu 1
4 – Wurzel, Basis, Stütze
5 – Krone, Chance, Tendenz
6 – Vergangenheit oder das, was schon da ist
7 – Zukunft oder das, was neu zu beachten ist.
8 – Zusammenfassung der Positionen 1–7; Ihre innere Kraft, Ihr Unbewußtes
9 – Hoffnungen und Ängste
10 – Umgebung und Einflüsse von außen; Ihre Rolle nach außen
11,12,13 – Resümee oder ein Faktor, auf den Sie besonders aufmerksam gemacht werden, der bereits vorhanden ist und der für Ihre Frage besondere Bedeutung gewinnen wird

»Keltisches oder Sonnenkreuz«

(Variante)

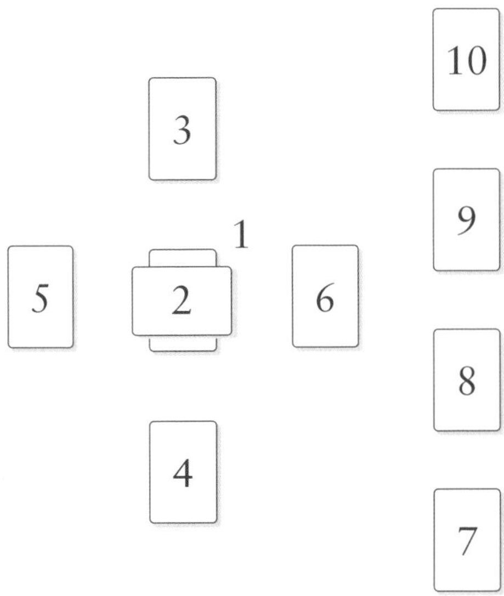

1 – Ausgangspunkt, Thema der Frage
2 – Kreuzkarte, Gegensatz oder Ergänzung zu 1
3 – Chancen, Krönung, bewußte Seite
4 – Wurzel, Basis, unbewußte Seite
5 – Vergangenheit
6 – Zukunft
7 – Ihre innere Kraft, Ihre innere Einstellung
8 – Einflüsse von außen, Ihr Verhalten nach außen
9 – Hoffnungen und Ängste
10 – Ergebnis, Ziel, Aufgabe

Wie Sie Tarot selber deuten

Leitfragen

Was fällt Ihnen an der Karte auf?

- An welche Ereignisse und an welche Vorstellungen erinnert sie Sie?
- Welche Erfahrungen haben Sie mit der Karte schon gemacht?
- Welche Erlebnisse verbinden Sie mit einzelnen, im Bild enthaltenen Motiven?

Wie *sehen Sie* das Bild?

- An welche Bilder (und an welche anderen Tarot-Karten) erinnert Sie die Karte?
- Was in dem Bild spricht Sie besonders an?
- Mit welcher Bildfigur identifizieren Sie sich? Aus welcher Perspektive schauen Sie?

Was bedeutet die Karte für Sie?

- Was löst sie in Ihnen aus?
- Welche Botschaft sehen Sie in der Karte?
- In welchem Zusammenhang steht diese für Sie?

Was können Sie mit dem Bild *machen?*

- Was passiert, während Sie mit dem Bild beschäftigt sind?
- Werden Sie die Botschaft der Karte annehmen?
- Was ist Ihr nächstes Ziel?

Interpretationshilfen

Die vier Farbreihen im Überblick

Stäbe

vertreten das Element Feuer. Sie stehen für Wille, Lebensenergie, Daseinsfreude und Selbstbehauptung, für Kreativität, Schaffenskraft und Wachstum. Die Welt der Stäbe ist die Welt der Entschlüsse und Taten, des Engagements, der Verwirklichung und der Macht. Stäbe handeln von Unternehmungen und Auftritten, von Identität, Selbstvertrauen, Intuition, Begeisterung und Erfolg. Zu den Stäben und dem Element Feuer gehören die Tierkreiszeichen Widder, Löwe und Schütze.

Kelche

vertreten das Element Wasser. Kelche, auch Pokale genannt, stehen für die Seele, das Innenleben und das Unbewußte. Ihre Welt ist die Welt der Gefühle, Stimmungen und Ahnungen, der inneren Stimme und der spirituellen Erfahrung. Sie handeln von innerer Wahrnehmung und innerem Wissen, von Sinn und Bedeutung, von Freude, Trauer, Leere und Erfüllung. Zu den Kelchen und dem Element Wasser gehören die Tierkreiszeichen Krebs, Skorpion und Fische.

Schwerter

vertreten das Element Luft. Sie stehen für Geist, geistige Energie, für Bewußtheit, Wissen und Intellekt. Die Welt der Schwerter ist die Welt der Erkenntnisse und Entscheidungen, der Einfälle und Beurteilungen. Schwerter handeln von Gedanken und Vorstellungen, von der bewußten und ausdrücklichen Wahrnehmung der Welt und des Selbst, von Originalität, Freiheit, Lernprozessen und Klarheit. Zu den Schwertern und dem Element Luft gehören die Tierkreiszeichen Waage, Wassermann und Zwillinge.

Münzen / Scheiben

vertreten das Element Erde. Münzen, auch Pentakel oder Scheiben genannt, stehen für den Körper, körperliches Erleben, praktische Fähigkeiten und angewandte Talente, für die konkrete materielle Lebensgestaltung und die Einrichtung der Umgebung. Die Welt der Münzen ist die Welt der Ergebnisse, Fakten und Produkte, der körperlichen Wahrnehmungen und Empfindungen. Münzen handeln von Arbeit, Natur und Gemeinwesen, von Erdverbundenheit, Selbstbewußtsein und Sicherheit. Zu den Münzen/Scheiben und dem Element Erde gehören die Tierkreiszeichen Steinbock, Stier und Jungfrau.

Kleine Arkana

Die folgenden *Vorschläge* zur Interpretation der einzelnen Stationen der kleinen Arkana ergeben – zusammen mit den oben genannten Angaben zu den vier Farbreihen – ein Raster. Es läßt sich auf jede der 56 kleinen Karten anwenden und dient zur Anregung und Überprüfung der persönlichen Karten-Deutung.

Hofkarten

Die Hofkarten vertreten jeweils das ganze Potential des betreffenden Elements. In verschiedenen Charakterzügen stellen sie entwickelte Persönlichkeiten dar.

Königin: innovativ, spontan, beginnend
König/Prinz: gründlich, begründet, festigend
Ritter: Konsequenzen ziehend, schlußfolgernd, verändernd
Bube/Prinzessin: spielerisch, erprobend

Ein Vorschlag für die Stationen der Zahlenkarten

1 (As) – Ursprung und Wurzel; zugleich Ziel und Krone: die eigentümliche Kraft des betreffenden Elements. Fluch und Segen.

2 Festigung oder Aufbrechen der Kraft des Elements. Unterscheidung, Entzweiung, Entwirrung. Gegensatz und Ergänzung.

3 Eine »runde Sache« oder der Kern einer Angelegenheit: Grundproblem oder Ganzheit (Synthese) im Sinne des entsprechenden Elements.

4 Stabilisierung, Organisierung und Vervollständigung. (Neue) Herausforderungen und Bestätigungen.

5 Die persönliche Quintessenz für das entsprechende Element. Vielseitigkeit und Konzentration.

6 Entscheidung, Konsolidierung, Veränderung. Ein Ganzes aus der Aufhebung von Widersprüchen. Ein Ganzes als Ausdruck komplexer Gegensätze. Freude oder Gefahr.

7 »Sieben«: Prüfen, sortieren, verfeinern: schauen, was im Sieb bleibt, und was nicht. Kritische Phase, Rätsel, Vieldeutigkeit, Verwandlung, Vollendung – im Sinne des betreffenden Elements.

8 Auseinandersetzung oder Harmonie von Stärken und Schwächen. (Wechselseitige) Blockade, Balance oder Unterstützung von unterschiedlichen Eigenschaften des entsprechenden Elements.

9 Ausreifung, Musterung, Gewahrwerden. Eigene Erkenntnis, persönliche Autonomie im Umgang mit den Kräften des entsprechenden Elements wird gesucht oder gefunden.

10 Erfüllung, Ziel, Ausgangspunkt. Viele »Aufgaben«: Das betreffende Element gibt die Kraft, vieles loszulassen sowie vieles zu ernten.

Große Arkana

Die großen Karten stellen individuelle und kollektive Leitbilder dar. Hier ist bei jeder Karte u. a. zu fragen:

- *Was hat die dargestellte Situation einmal früher oder traditionell bedeutet?*
  (z. B. Karte »V-Der Hierophant«: Papst oder Hohepriester)

- *Was bedeutet die frühere oder traditionelle Bildgestalt heute?*
  (z. B. Karte »V-Der Hierophant«: Bedeutungsverlust für Kirchen und religiöse Institutionen; Suche nach persönlicher Orientierung)

- *Was bedeutet die Bildgestalt für Sie?*
  (z. B. Karte »V-Der Hierophant«: Suche nach dem eigenen »Petrus«, dem Fels in der Brandung, nach dem inneren Rückhalt; der Schlüssel zu den verborgenen Seiten usw.)

Zur Symbolik der Farben

Weiß – Anfangszustand (wie ein unbeschriebenes Blatt) oder Vollendung und Heilung; Blendung durch den Geist (Animus) oder geistiges Neuland.

Grau – Unbewußter Zustand oder bewußte Gleich-gültigkeit. Rücksichts- und Ahnungslosigkeit oder Gleichwertigkeit und Vorurteilslosigkeit.

Schwarz – Das Unbekannte, das Innere der Erde oder eines Sachverhaltes, »black box«, schwarzer Schatten (Anima), Seelenfinsternis oder seelisches Neuland.

Rot – Herz, Gemüt, Wille, Lebenskraft.

Gelb – Sonne, Bewußtsein, Lebensfreude; Neid, geistige Dissonanz.

Blau – (Offener) Himmel/Luftraum und (klares) Wasser; Spiritualität.

Grün – Frisch, jung, verheißungsvoll, unerfahren, unreif, vegetativ.

Braun – Natur- und erdverbunden, bodenständig, geerdet, materiell, körperlich.

Violett – Grenzerfahrung; Mischung von Blau und Rot.

Zehn bewährte Deutungsregeln

1.
Ebenen der Deutung

Jede Kartendeutung spielt sich auf mehreren Ebenen ab. Die beiden wichtigsten sind (1) die spontane, persönliche Assoziation und (2) die Standards der Tarot-Interpretation, die sich in den letzten gut 200 Jahren herausgebildet haben.

Diese Standards sind die Punkte, worin die meisten Tarot-Autoren und -Autorinnen übereinstimmen. Dazu gehört zum Beispiel die Zuordnung der vier Elemente Feuer, Wasser, Luft und Erde zu den vier Farbreihen der Karten. Diese Überlieferung sollten Sie kennen, weil Sie sonst auf wesentliche Bedeutungen der Karten verzichten würden. (Zu den vier Elementen finden Sie hier nähere Angaben auf Seite 39 f. sowie den Seiten 72, 88, 104 und 120.)

Die spontane, persönliche Assoziation aber findet Gesichtspunkte in den Karten, die möglicherweise auf einer völlig anderen Ebene liegen als diese und andere überlieferten Standards. Gut so! Solche spontanen Assoziationen drücken ein persönliches Verhältnis zu der betreffenden Karte aus, was u.a. eine wesentliche Voraussetzung für das Verständnis der *praktischen* Botschaft des Bildes ist.

Bei den persönlichen Assoziationen kommt es nur darauf an, daß sie für Sie selber jeweils plausibel sind und daß sie sich auf tatsächliche Anhaltspunkte im Kartenbild beziehen!

2.
Perspektiven der Deutung

Wie in der Traumdeutung, so gibt es auch in der Tarot-Deutung eine »Subjektstufe« und eine »Objektstufe«.

Auf der *Objektstufe* stehen die verschiedenen Bildfiguren für *andere* Menschen als die Person des Betrachters oder der Betrachterin. So trifft man dann seine Kollegen, seine Kinder, Partner, Freundinnen und Freunde usw. in den Symbolgestalten des Tarot wieder.

Auf der *Subjektstufe* ist jede Bildfigur als Spiegelung eines Eigenanteils der Betrachterin oder des Betrachters zu verstehen. Selbst wenn Sie für bestimme Bildgestalten spontan an Ihre Partnerin oder an Ihren Partner, an Kinder, Kollegen usw. denken – auf der Subjektstufe sind diese Assoziationen und die betreffenden Bildfiguren nichts anderes als eine Versammlung von Symbolen und Aspekten, in denen Sie sich selbst spiegeln.

3.
Selbstbeobachtung

Ihre Lieblingskarte, aber auch jene Karten und die Details, die Sie weniger gern mögen, verweisen, auf der Subjektstufe gedeutet, auf Sie selbst zurück.

Aus diesen und manchen anderen Gründen ist es wichtig, sich beim Kartenlegen *selbst zu beobachten.*

Von Zeit zu Zeit werden Sie immer wieder auf Karten treffen, mit denen Sie sich besonders auseinandersetzen sollten. An sich sind alle 78 Karten ja völlig *gleichwertig*. Doch da gibt es Karten, bei denen reagieren Sie anders als bei anderen. Bei bestimmten Karten sind Sie überglücklich, wenn Sie eine von diesen ziehen. Bei gewissen Karten will Ihnen nichts Rechtes einfallen, die Karte selber und/oder die Erklärungen, die Sie dazu in Büchern finden, helfen Ihnen wenig weiter usw. Oder Sie treffen auf regelrechte »Streßkarten« – Karten, die Sie innerlich ablehnen und nicht gerne ziehen. Durch die Selbstbeobachtung fallen Ihnen diese besonderen persönlichen Reaktionen auf.

In diesen Fällen lautet die Grundregel: *Merken Sie sich die betreffenden Karten und Themen.*

Merken Sie sich besondere Höhepunkte, aber auch Schwachpunkte bei der Interpretation der Karten. Das *Merken* ist deshalb wichtig, weil wir insbesondere für die Karten, mit denen wir einige Schwierigkeiten haben, nicht sofort eine Lösung finden. Dann sollten Sie diese Angelegenheit weder vergessen noch *sofort* verstehen wollen. Merken Sie sich Ihre offenen Themen, so wie Sie sich zum Beispiel Punkte für Ihre nächste Einkaufsliste merken würden. Dadurch nehmen Sie Ihre offenen Fragen mit in Ihren Alltag hinein. In aller Regel ist es so, daß sich in Folge der verstärkten *Achtsamkeit* im Laufe von einigen Tagen oder Wochen »von innen heraus« passende Antworten einstellen.

4.
Vergangenheit – Gegenwart – Zukunft

In welcher Zeit spielt sich eine Kartendeutung ab? Stets in der Gegenwart. Die Bilder und Symbole des Tarot sind ein Spiegel für das, was *ist*.

Aber so, wie Vergangenheit und Zukunft in die Gegenwart hineinwirken, ist es sinnvoll, auch bei der Deutung der Karten darauf zu achten, welche Zeitebene bei Ihrer jetzigen Bildbetrachtung angesprochen ist. Oftmals erkennen wir bestimmte Probleme oder Gefahren in den Bildern, die aus der Vergangenheit herrühren. Ebenso können ungewohnte, überraschende und verwunderliche Eindrücke beim Deuten einen Hinweis auf neue unbekannte Möglichkeiten der Zukunft darstellen, die jetzt in Ihre Beschäftigung mit dem Tarot hineinspielen.

5.
Aufgabe – Bestätigung

Jede Karte kann eine bestimmte Aufgabe als erledigt oder als bevorstehend anzeigen. Die Botschaft der Karte kann eine Warnung, eine Ermunterung oder eine Bestätigung sein. Wenn Sie nicht sofort wissen, *welche* der Alternativen im Augenblick zutreffend ist, gelten bis auf weiteres *alle* Alternativen gleichzeitig. Auch hier ist es wieder wichtig, daß Sie sich diese mehreren Alternativen *merken* (vgl. oben Punkt 3, Selbstbeobachtung).

6.
Der Teil und das Ganze

In vielen Tarot-Bildern sind Detail-Symbole enthalten, die zugleich den Inhalt des gesamten Bildes zusammenfassen. Zum Beispiel ist im Waite-Tarot auf der »Münzen Neun« im Vordergrund eine kleine Schnecke zu sehen. Diese Schnecke stellt möglicherweise ein Problem dar, wenn es um Schwierigkeiten geht, sich nicht zu verstecken, sondern aus dem eigenen »Schneckenhaus« herauszukommen. Dieselbe Schnecke ist aber auch eine sehr angenehme Bestätigung, wenn sie bedeutet, daß wir, wohin wir auch gehen, stets unser »Haus« bei uns haben und überall zu Hause sind. Was die Schnecke anzeigt, trifft zugleich den Inhalt des gesamten Bildes.

Die Bildfigur hält möglicherweise ihre Pracht und ihren Glanz wie hinter einer hohen Hecke versteckt; andererseits stellt sie aber auch einen Menschen in einer »wohlhabenden« Lebenssituation vor, der seinen Platz in der Welt gefunden hat und daher bei sich und in der Welt zu Hause ist.

Ein weiteres Beispiel: Im Crowley-Tarot finden sich im Bild der »Prinzessin der Kelche« eine ganze Reihe kleiner Kristalle, die auf den Rändern des fließenden Gewandes der Prinzessin zu sehen sind. Auch dieses Detail offenbart den Inhalt des gesamten Bildes, bei dem es darum geht, daß Gefühle sich in bestimmten Wünschen und Leidenschaften kristallisieren.

Achten Sie also auf die Details und versuchen Sie, deren Bedeutung für das Ganze zu verstehen.

7.
Schattenseiten

Schattenseiten treffen wir nicht nur in solchen Bildern an, die besonders dunkel oder schwarz gehalten sind. Im Gegenteil. Wenn es um den Schatten in der Psychologie geht, so geht es um unbewußte Wahrheiten und blinde Flecken. Dieser Schatten wird seit der Antike als etwas zunächst Unsichtbares, etwas Nichtwahrnehmbares verstanden (so heißt der griechische Gott der schattenhaften Unterwelt *Hades,* und »Hades« heißt wörtlich *nicht-wahrnehmbar, der/die/das Nichtwahrnehmbare).* Alles Graue und Undefinierte kann damit zum Beispiel Schattenseiten darstellen.

Auch der *Rücken* ist der klassische Ort des Schattens. Der Schatten ist das, was uns unbemerkterweise auf dem Fuße folgt. Der Rücken ist insofern ein anderer Ausdruck für den »blinden Fleck«. Die Karten, die eine Rückenansicht zeigen (wie z. B. im Waite-Tarot die Bildfiguren in den Karten »Stäbe Drei« und »Kelche Fünf«), bieten den besonderen Vorteil, daß sie zum Inhalt und zur Aufgabe haben, die Kehrseite, die Schattenseite ausdrücklich zu betrachten.

Umgekehrt, bei allen Karten, die eine Bildfigur vorstellen, die ihrerseits alles im Rücken hat, ist jedesmal die besondere Aufgabe angesprochen, daß wir – wie die Figur im Bild – die vielen Dinge, die dort im Rücken liegen, überhaupt registrieren und »be-rücksicht-igen«. So ist es zum Beispiel im Waite-Bild der »Kelche Neun«. Darin sind viele, eben neun Kelche enthalten, aber alle Kelche befinden sich im Rücken der Bildfigur. Ihre gesamten Gefühle besitzt diese Bildfigur damit erst einmal hinterrücks, im Schatten verborgen. Erst wenn sie sich mit ihren Kelchen bewußt auseinandergesetzt hat, bedeuten die neun Kelche im Rücken eine effektive seelische und spirituelle »Rückendeckung«.

Wo viel Schwarz und Finsternis in Bildern zu erkennen sind (z. B. im Waite-Tarot »XV-Der Teufel« und »Schwerter Neun«), besteht der große Vorteil darin, daß sich hier der an sich undefinierte Schatten zu schwarzer Finsternis verdichtet hat. Schattenseiten werden damit viel leichter erkennbar, ja, sie sind schon greifbar, und man muß bei diesen »schwarzen« Karten nur noch dafür sorgen, daß man Licht ins Dunkle bringt, indem man unterscheidet: Was bringt dieses schwarze Unbekannte an positiv Neuem und was daran stellt alten »Mist« dar, der jetzt endlich losgelassen werden kann?

8.

Keine Person im Bild

Viele Tarot-Arten zeigen, insbesondere in den Kleinen Arkana, wenige Personen im Bild. Das gehört in diesem Fall einfach zur Beschaffenheit der betreffenden Tarot-Sorten dazu. Im Waite-Tarot beinhalten, im Unterschied dazu, fast alle Karten menschliche Personen als Bildfiguren. Wenn im Waite-Tarot einmal eine Karte vorkommt, die keine Person enthält, so stellt dies eine Besonderheit dar. Die fehlende Person im Bild warnt jedesmal den Betrachter und die Betrachterin davor, sich selbst aus dem Blick zu verlieren. Sie ermuntert aber auch dazu, über den eigenen Schatten zu springen und jede Selbstbefangenheit aufzugeben.

Im Crowley-Tarot sind, wie in älteren Tarot-Versionen, nur auf einer kleineren Zahl von Karten Personen enthalten. Ein spezielles Problem des Crowley-Tarot besteht jedoch darin, daß hier fast alle menschlichen Figuren als *gesichtslose* Schemen erscheinen. Das kann ein künstlerisches Mittel bedeuten (mit dem Vorteil einer Art »Entspiegelung« bei der Betrachtung); dies kann jedoch auch vor »Gesichtslosigkeit« warnen und zur Aufgabe machen, die eigene Identität und die Persönlichkeit des Betrachters und der Betrachterin um so bewußter in die Bildbetrachtung mit hineinzugeben.

9.
Proportionen

Achten Sie auf die Proportionen der Bildfiguren, die insbesondere im Waite-Tarot sehr ausdrucksstark sind. Wenn eine Karte wie die »Stäbe 4« (aus dem Waite-Tarot) sehr kleine Bildfiguren enthält, dann ist dies für den Inhalt des betreffenden Bildes sehr bedeutsam. Entweder beschreibt das Bild eine Lebenssituation, die Menschen kleinhält und an ihrem Wachstum hindert. Oder die Größe der dargestellten Personen ist ganz in Ordnung und wird nur als Perspektive gewählt, von der aus die vergleichsweise *riesige* Höhe der Girlande (im selben Bild, »Stäbe-4«) deutlich wird. Daß dieses Bild eine besondere *Hoch-Spannung* enthält, wird damit sinnfällig.

10.
Deut-liches Verhalten

Besonders wenn Sie mit anderen gemeinsam Karten legen, ergibt es sich, daß Sie Äußerungen tun, die direkt zur Deutung des jeweiligen Tarot-Bildes gehören, obwohl diese Äußerungen nicht bewußt so gemeint sind. Sie haben eine bestimmte Karte noch vor sich liegen und reden mit Ihrem Freund oder Ihrer Freundin über ein scheinbar völlig anderes Thema – und merken dann auf einmal, daß dieses Gespräch wie eine neue und weitere Deutung der vor Ihnen liegenden Karte ist.

Alles, was Sie sagen, tun und machen, während Sie mit einem Bild beschäftigt sind, kann zu Ihrer Deutung, zur Botschaft der Karte mit dazugehören. So richten Sie sich bei einigen Karten, wenn diese aufgedeckt werden, unwillkürlich auf, während Sie bei anderen eher in sich zusammensacken oder leicht müde werden. Die Worte, die Ihnen über die Lippen kommen, genauso wie die Körpersprache geben nicht immer, aber oft interessante Fingerzeige, was die persönliche Bedeutung Ihrer Karte angeht.

Deutungstips für jede Karte

Große Arkana/Trumpfkarten

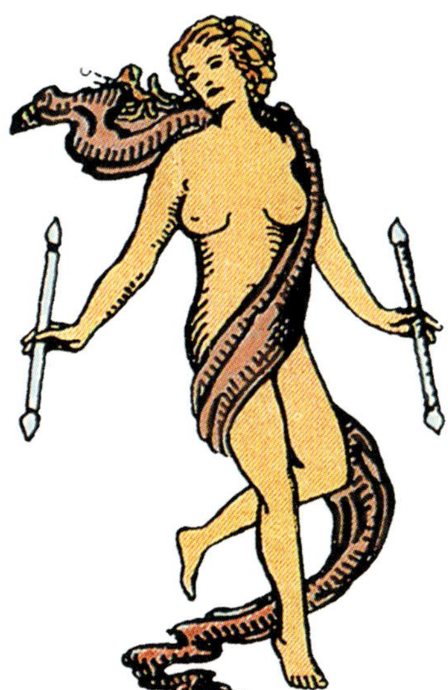

Reihenfolge der Abbildungen
(von links nach rechts)
Crowley-Tarot
Waite-Tarot
Marseiller Tarot

Heute schon gezaubert?

Magie ist, wenn es trotzdem klappt« (Susanne Peymann). *Es gibt eine* Zauberkraft, die tatsächlich funktioniert. Die ohne Requisiten und Rituale auskommen kann. Die nicht in Fantasterei und falschen Versprechungen besteht: Es ist die Kraft der verwirklichten Individualität! Die Zahl der Karte, die Eins, ist auf der Ebene der Zahlen, die im Tarot vorkommen, *nicht teilbar.* »Unteilbar« aber heißt auf Lateinisch *»individuum«*.

Völlig bedeutungslos bleiben dabei all die reißerischen Versionen von Magiern und Hexen, die sich als übermächtige Helden oder Bösewichter in Filmen, Romanen usw. tummeln. Unbegriffene geistige und seelische Energien haben die Menschen an übernatürliche Zauberer und Zauberinnen glauben lassen. Es geht aber darum, den »Magier« als eine *natürliche* Kraft zu entdecken, die jeder/ m von uns zur Verfügung steht.

»Jeder von uns«, so schrieb Carlos Castaneda, »hat einen Kubikzentimeter Chance, der von Zeit zu Zeit vor unseren Augen erscheint.« Ob wir diese Chance nutzen, *das* macht den Unterschied aus.

Und: Jede/r hat eine eigene Chance. Als »Magier« finden wir uns allein auf weiter Flur. Aber so geht es allen! Die Individualität schafft auch Gemeinsamkeit.

In Ihren aktuellen Fragen brauchen Sie Erfindungsgeist. Die Gabe, zu sich selbst zu finden, und das Geschick, eine Lücke aufzutun oder eine Brücke zu bauen, die gerade Ihren Auffassungen entgegenkommt. Ihren »einen Kubikzentimeter Zauberkraft« kann Ihnen keiner vorführen und kann Ihnen keiner wegnehmen. Er zeigt sich allein vor *Ihren* Augen.

Glück ist keine Glückssache ...

Sondern es hängt davon ab, daß Sie wichtige Wünsche erfüllen und wesentliche Ängste aufheben. Gefühle und Träume, Erfahrungen und Erwartungen müssen erst einmal erkannt und benannt werden. Dann können Sie im zweiten Schritt unterscheiden: Welche Wünsche sind persönlich sinnvoll und welche nicht? Welche Ängste sind persönlich berechtigt und welche nicht?

Die Sprache der Seele wird erst *deutlich,* wenn wir sie deuten. Pauschale Lobpreisungen unserer Seelenkräfte sind genauso unseriös und witzlos wie eine pauschale Skepsis der Psyche gegenüber. »Träume sind Schäume«, »Gefühl ist Schwäche«, »Ahnungen sind unzuverlässig« – solche Parolen sind ebenso halbherzig wie die in der Tendenz umgekehrten Slogans, die da lauten: »Vertrauen Sie der Kraft des Unbewußten«, »Ihre innere Stimme weist Ihnen den Weg« usw. »Erst unterscheiden, dann verbinden«, diese alte Formel gilt auch in allen Gefühlsdingen und Herzensangelegenheiten.

Die praktischen Konsequenzen aus der Begegnung mit dieser Karte weisen daher in verschiedenartige Richtungen. Einmal geht es darum, sich einen eigenen Raum zu schaffen, ein eigenes Zimmer, einen persönlichen Geltungsbereich. Ein anderes Mal geht es um die Öffnung der Mauern nach draußen, die Vernetzung der eigenen Gefühle mit denen vieler anderer. Geistigkeit und Sinnlichkeit, Ketzerei und Frömmigkeit, Animierendes und Schockierendes – verstehen und vertreten Sie, was Sie brauchen und was nicht.

Mit Leib und Seele

Von der Venus, deren Zeichen im Waite-Bild und neben dem Titel des Crowley-Bildes wiedergegeben ist, erzählt der Mythos, daß sie einen magischen Gürtel besitzt, dessen Reiz sie unwiderstehlich macht. Diese Betonung der Gürtellinie der Venus/Aphrodite ist nicht nur unmittelbar-sexuell zu verstehen. Die Gürtellinie ist außerdem der symbolische Ausdruck für die Verbindung von Bewußtem und Unbewußtem, von Körper und Geist. Die »Herrscherin« (Waite-Tarot) verbindet in sich Himmel und Erde – *Sternenkrone und materielle Macht,* wie sie auch im Marseiller Bild zu erkennen sind. Die dunklen Monde im Crowley-Bild verkörpern die Ganzheit der seelischen Erfahrung; die Sphären von Wunsch und Wirklichkeit, Freiheit und Notwendigkeit, deren große Kreise sich in der Mitte der »Kaiserin« berühren.

Wenn wir lieben und geliebt werden, dann blüht unsere Natur auf. Unsere menschliche, persönliche Natur, die immer eine doppelte ist. Dort, wo *der Sinn* und *die Sinne* ihre Chancen erhalten, entfaltet sich Menschlichkeit in Fruchtbarkeit und Wahrheit.

Interessanterweise tritt hier die Venus, die Macht der Liebe, selbständig und für sich allein auf. Und das ist kein Zufall: »Wenn ich an einem anderen Menschen hänge, weil ich nicht auf eigenen Füßen stehen kann, kann er vielleicht mein Lebensretter sein, aber unsere Beziehung ist keine Liebe. Paradoxerweise ist die Fähigkeit, allein sein zu können, die Vorbedingung für die Fähigkeit zu lieben« (Erich Fromm, Die Kunst des Liebens).

Pionier der Liebe

Wenn wir den »Herrscher« nicht nur als Gegensatz der »Herrscherin« verstehen wollen, sondern auch als deren Fortsetzung, dann wird leicht erfaßbar, warum die Liebe auch bei dieser Karte die entscheidende Rolle spielt! Natürlich melden sich da Einwände: Die Titel »Kaiser« und »Herrscher«, die eiserne Rüstung, der steinerne Thron (Waite-Bild) und andere Motive mehr bringen durchaus *auch* die sattsam bekannte Kritik an der Arroganz der Macht, an zugeknoteten, verhärteten oder mißfälligen Männern, Vätern und Herrschern zum Ausdruck! Doch vergessen wir nicht, daß *jede* Karte für Männer und für Frauen steht. Ob und wie Sie sich selbst regieren, organisieren und motivieren, wird hier zum Thema.

Die Bilder nehmen mehrfach auf die Symbolik des Widders Bezug. Für den Widder stellt die Geburt nicht nur einen Anfang dar, der als solcher vorübergehend bleibt, vielmehr stellt es sein Lebensprinzip dar, etwas zu beginnen, (mit sich) selber etwas anzufangen, das Leben zu erneuern! Das Crowley-Bild zeigt das Osterlamm, und Ostern bedeutet nun einmal, daß das Leben und nicht der Tod die letzte Antwort ist! Zum Zeichen dessen wird in der Osternacht traditionell ein Feuer entzündet. Ein weiteres typisches Ostermotiv ist das von der *Verwandlung der Wüste in einen Garten*, was als Möglichkeit und Aufgabe in der Steinwüste (Waite-Tarot) enthalten ist.

»Der Herrscher« ist *auch* die Kraft in uns allen, die neue Lebens- und Liebesmöglichkeiten erkundet und gangbar macht.

Sesam öffne dich

Gemeinsam war (oder ist) den Hohepriestern der verschiedensten Glaubensschulen die Aufgabe, die Lebensgeheimnisse zu deuten und praktische Riten und Gebräuche zu organisieren. Heute kommt es darauf an, den »Hohepriester/Hierophant« als Kraft in jeder/ m von uns zu erkennen und zu nutzen. Sie haben den Schlüssel in der Hand!

Jedesmal beinhaltet das Bild ein Miteinander oder auch ein Gegeneinander von »großen«, etablierten sowie von »kleinen«, unentwickelten Kräften in uns und um uns. Das Zusammenspiel aller Bildgestalten macht den Sinn der Einweihung aus.

Wenn Sie für Ihre aktuelle Situation wissen möchten, wie es weitergeht, dann beantworten Sie sich die Frage: »Was ich schon immer von mir wissen wollte und was mir niemand anders sagen kann ...«?! Diese Frage rührt gewissermaßen an das »Eingemachte«. Und das ist notwendig, wenn Sie Ihre persönlichen Stärken und Schwächen tatsächlich integrieren und zu der persönlichen *Quintessenz* vordringen möchten, die im Crowley-Bild durch das Pentagramm und ansonsten durch die Zahl V dargestellt ist.

Achten Sie darauf, wie Sie und andere sich selbst darstellen und vorstellen. Wenn die Statements (Aussagen, Äußerungen), die Sie machen, und Ihre Gestalt (Ihr Auftreten, Ihre Erscheinung) das zum Ausdruck bringen, was *in Ihnen steckt,* dann stimmen Wesen und Erscheinung überein. So finden Sie Ihr persönliches »Sesam öffne dich«. Nichts brauchen Sie, wenn Sie diese Karte ziehen, dringender als die Bereitschaft, eben das deutlich zu benennen und zu demonstrieren, was in Ihnen steckt und wonach Sie verlangen.

Neuer Himmel der Liebe

Wir sehnen uns nach Liebe, aber wir fürchten uns vielleicht auch insgeheim davor, lieben zu können und/oder geliebt zu werden. Ob wir auf unsere Art mit der Liebe glücklich werden, das hängt stark davon ab, welche Ziele und Vorstellungen wir mit »Liebe« verbinden; diese Ziele, Motive, Ideale und Leitsterne der Liebe sind in den Bildern jeweils durch den Geist oder Engel angedeutet, der hier u. a. stellvertretend für den geistigen Horizont der Liebenden steht.

Solange wir in der Liebe nach unserer »besseren Hälfte« suchen, bleibt die Gefahr bestehen, daß wir uns halbieren. Und wenn zwei halbe Menschen sich zusammentun, bleibt auch die Liebe eine halbe Sache. Oder nehmen Sie die Vorstellung von der »Liebe zwischen Gleichen«, die Suche nach einem Maximum persönlicher Übereinstimmung als Basis der Liebe: Schauen Sie nach, wie weit Sie diese Vorstellung trägt! Wenn Sie einen Menschen suchen, mit dem Sie in jeder Hinsicht übereinstimmen können, der Sie optimal versteht usw., dann gibt es dafür jedenfalls nur eine/n: Sie selbst.

Je deutlicher die Unterschiede, desto fruchtbarer die Gemeinsamkeiten! Sobald wir in der Lage sind, die *Unterscheide zwischeneinander zu lieben,* macht ein neues Paradies seine Tore auf! Die Liebe auf Basis der Individualität und der Originalität der/des Einzelnen findet ihre Spitze (wie im Bild in Gestalt des Engels oder des Geistes) in bestimmten Zielen und Gipfelerlebnissen, die über die Reichweite des einzelnen Menschen hinausführen. Es gilt daher die doppelte Devise:

Es lebe der Unterschied, und: *Auf zu neuen Höhepunkten*!

Einen eigenen Kurs wagen

Welches ist die am meisten schicksalhafte Beziehung in unserem Leben? Die, die wir selbst zu uns besitzen! Die Dynamik des Unbewußten: Es zieht uns, es treibt uns, es bremst uns, und es trägt uns!

Wir können unser »Karma«, unser Unbewußtes und unsere Lebensgeschichte nicht an die Kandarre nehmen, aber wir können eine richtige *Einstellung* zu ihm gewinnen. »Dein Karma erwischt Dich ja doch/Es haut Dich von den Socken/Besser, Du erkennst Deinen Bruder/In jedem, den Du triffst/Wozu in aller Welt sind wir hier? /Nicht um in Schmerz und Furcht zu leben/Wozu bist Du denn auf der Erde da?/Du lebst doch in allen/Komm und hol' Dir Deinen Teil/Wir alle leuchten hell/ Wie der Mond und die Sterne und die Sonne« (John Lennon, Instant Karma).

Im Baldachin des Wagens in der Crowley-Karte steht ABRACADABRA: Die ungelösten Widersprüche unseres Daseins geben uns das Gefühl, hier sei etwas wie »verhext«. Umgekehrt: Wo wir unsere inneren Antriebe und äußeren Ziele aufarbeiten und von Projektionen befreien, da bestätigt sich auf neuer Stufe der Zauber des »Magier«. Schützen Sie sich vor Menschen, denen ihre eigenen Widersprüche verschlossen sind. Seien Sie mutig und energisch in der Auseinandersetzung mit sich selbst.

Rückgrat zeigen

Von der richtigen Einstellung, auf die es beim »Wagen« ankommt, ist es nicht weit bis zur Frage der Gerechtigkeit, die ja weniger von einem abstrakten Prinzip, als vielmehr davon handelt, wie wir in unserem Leben das Richtige tun und das Richtige lassen, wie wir uns und anderen gegenüber gerecht verhalten, wie wir unterschiedlichen Zielen, Bedürfnissen, Erwartungen und Erfahrungen Genugtuung verschaffen ...

»Es liegt etwas in der Luft«: *Vage* Gefühle, Gedanken und Empfindungen in Ihnen selbst und vage Vorstellungen von anderen sind Begleiterscheinungen des Erwachens. In welcher Form auch immer Sie Gerechtigkeit suchen und verwirklichen, zu den notwendigen Voraussetzungen gehört es, daß Sie bisherige Urteile auf ihre möglichen Grenzen und Schranken untersuchen. Eine bestimmte Ungewißheit; die Mühe damit, Dinge und Ereignisse zu identifizieren; die Schwierigkeit, dabei zu verstehen, worin die persönliche Betroffenheit momentan besteht; eine Ahnungslosigkeit gegenüber der Bedeutung gewisser Vorstellungen ... Dies alles werden Sie immer wieder durchmachen müssen, wenn Sie – jenseits von Vorurteilen, Stolz und Gleichgültigkeit – zu »richtigen« Urteilen kommen möchten.

Je genauer die Ermittlung, um so liebevoller das Urteil! »Je mehr Erkenntnis einem Ding innewohnt, desto größer ist die Liebe ...« (Paracelsus). Mut zur Kritik, Mut zum Lob sind also in Ihren aktuellen Fragen gefordert, besonders aber die Bereitschaft, genauer zu unterscheiden, wen und was Sie wirklich lieben.

Heilung

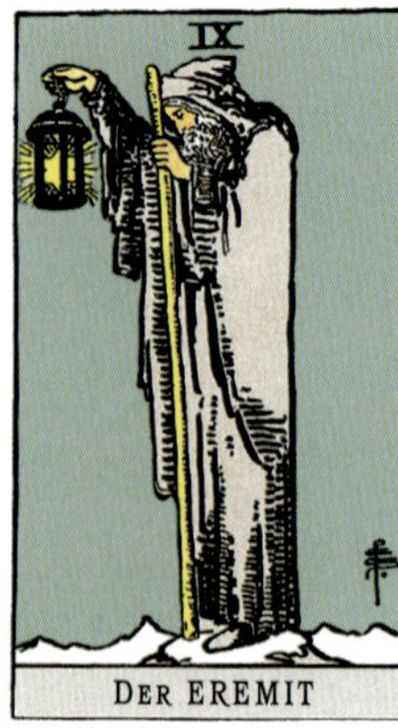

Die Laterne des »Eremit« erinnert nicht zufällig an das biblische »Gleichnis von den klugen und den törichten Jungfrauen« (die klugen Jungfrauen sind wachsam und halten ihr Licht bereit). Ungeachtet des äußeren Anscheins, der viele Betrachter/innen vermuten läßt, beim »Eremit« handele es sich um einen alten Mann, stellt der Eremit tatsächlich etwas sehr Jungfräuliches dar.

Jeder Mensch bringt etwas Neues auf die Welt, das es zuvor nicht gegeben hat und ohne ihn auch nicht geben wird (vgl. dazu Weltenei und Samentropfen im Crowley-Bild). Wenn wir dieses vermissen, fühlen wir uns verlassen. Haben wir es jedoch gefunden und begriffen, können wir uns voll und ganz auf uns *verlassen*!

Sodann geht es darum, daß wir mit dem »Licht« unsere Welt in Ordnung bringen, daß wir sie heilen und heiligen, daß wir die Erde in einen »jungfräulichen Zustand« versetzen. Das ist die Bedeutung der weißen Erde unter den Füßen des Eremiten im Waite-Bild. Und der dreiköpfige Cerberus (Crowley-Tarot) stellt das gleiche dar: Die Aufgabe, die Schatten der Vergangenheit, der Gegenwart und der Zukunft aufzuheben.

In der Aufarbeitung der Widersprüche, die in uns und um uns bestehen, bestärkt sich unser Licht. Nicht die Schuldlosigkeit als Verantwortungslosigkeit, nicht die Flucht in Unzuständigkeit oder Unzurechnungsfähigkeit bringen uns der überragenden Kraft des »Eremit« näher. Er verkörpert vielmehr einen Menschen, der zur gegebenen Zeit seine Probleme löst und seine Aufgaben erledigt, ohne etwas unter den Teppich zu kehren. Darum geht es auch in Ihren aktuellen Fragen!

Große Lösung

Je weiter Sie auf dem Weg des Eremiten voranschreiten, um so mehr verstehen Sie es, in Ihrem Schicksal auch Ihr Geschick zu finden, das heißt Ihre Talente für größere Aufgaben und größere Lösungen einzusetzen, die sich mit kollektiven Problemen befassen und Ihr einzelnes Ich übersteigen.

Die Karte warnt Sie vor einem bloßen »Überleben«. »Augen zu und durch« sowie »Hoffentlich habe ich das bald überlebt« – diese Maximen führen hier nicht weiter. Stellen Sie sich den Rätseln, in denen Sie stecken, und finden Sie die (verborgenen) Lösungen, die vor Ihren Augen liegen. Und auch ein »Über-Leben«, ein Leben über die eigenen Verhältnisse oder losgelöst von den »niederen« Bedürfnissen des Alltags, erweist sich hier als eine Abseitsfalle, worin die eigene Person ganz aus dem Blick gerät. »Es ist so leicht, ein Held zu sein, und so schwer, ein Mensch im Alltag« (E. Cassirer).

Die Zeit ist reif für ein neues Lebensniveau und einen größeren Rahmen, worin Heilung, Ganzheit und existentielle Betroffenheit sich zu Ihrer persönlichen Wahrheit verbinden.

Hören Sie auf, Ihr Leben – und das heißt schließlich, sich selbst – in viele Einzelbereiche zu zerstückeln. Liebesleben und sonstiges Leben, Berufsarbeit und Beziehungsarbeit, Gedankenkraft und Körperkraft, Glück und Unglück in verschiedenen Bereichen oder Zeitabschnitten Ihres Daseins sind miteinander zu einem Ganzen verwoben. Finden Sie den roten Faden heraus! Ziehen Sie eine Summe aus Ihren Erfahrungen. Wenden Sie sich mit allem, was zu Ihnen gehört – allen Stärken und Schwächen –, den Erfordernissen des Augenblicks zu.

Auf die Spitze treiben

Diese Karte berührt aus mehreren Gründen ein »heißes Eisen«, und damit dürfen Sie auf jeden Fall auch für Ihre aktuellen Fragen rechnen. »Heiß« ist die Darstellung der Sexualität – im Crowley-Bild, je nach Geschmack, besonders offensichtlich oder besonders sexistisch; sie ist im Marseiller und im Waite-Bild natürlich auch schon enthalten, dargestellt durch das Löwen-Maul im Schoß der Frau.

»Heiß« im weiteren der bewußte und willentliche Umgang mit der Sexualität: Im Waite-Bild steht u.a. der blaue Berg für das Motiv der *Hochzeit von Himmel und Erde;* das Crowley-Bild zeigt die Hochzeit von Welt und Unterwelt.

Nehmen wir noch die liegende Acht (die sogenannte Lemniskate) über dem Kopf der weißen Frau im Waite-Bild und im Hut der Bildfigur im Marseiller Tarot als Zeichen einer großen Vollendung hinzu, wird deutlich: Hier geht es nicht nur um den einen oder anderen Höhepunkt, um eine Feuerprobe oder vorübergehende Leidenschaft. Hier geht es um den bewußten Umgang mit der Lebenskraft. Dieser bewahrheitet sich in *jeder* Lebensäußerung. »Was ist besser als ein Orgasmus«, fragte der selige Wolfgang Neuss, um sich selbst zu antworten: »Immer einen haben.«

Der sexuelle Höhepunkt hat seine eigenen Zwecke in sich, wie Kraft, Lust und Stärke. Zusätzlich ist er auch ein Gleichnis, ein Beispiel dafür, wie wir *in jedem Bereich des Lebens* alle persönliche Kraft und Lust versammeln, im Brennpunkt des jeweiligen Augenblicks konzentrieren und einsetzen können. Das bedeutet, alle Energien des persönlichen Schicksals, das persönliche Geschick auf die Spitze zu treiben und damit zu leben!

Große Leidenschaft

Auf den ersten Blick erscheint die »Hängepartie« der Kartengestalt einigermaßen verrückt. Und das Verrückte, das Ent-rückte wie auch das Absurde gehören sicherlich zum Inhalt dieser Karte. Doch es geht noch um etwas anderes:

»Der Gehängte« besitzt einen durchaus üblichen, einen klaren und eindeutigen Standpunkt; nur daß sein Bezugspunkt halt nicht auf der Erde, nicht irdisch definiert ist. Sein »Standpunkt« ist die himmlische, transzendente Perspektive. Diese läßt sich religiös auffassen. Aber auch in dem anderen Sinne, der in dem Wort anklingt: »Des Menschen Wille ist sein *Himmelreich.*«

Hier ist auf die eine oder andere Art das »Ende der Fahnenstange« erreicht: Eine Passion, die entweder eine große Leidensgeschichte *oder* eine erhebliche Leidenschaft anzeigt. Wenn man lernt, sein Leben auf einem hohen Energieniveau einzurichten, markiert der »Standpunkt« des Gehängten im positiven Sinne ein dauerndes Leben auf dem Maximum der Lebenskraft.

Der »Gehängte« glaubt an das, woran er hängt. Und er hängt an dem, woran er glaubt. Tragisch, wenn sich der Glaube als Aberglaube herausstellt. Es kommt daher darauf an, den eigenen Glauben zu prüfen. Untersuchen Sie den Anhaltspunkt, den Sie für Ihren Glauben und Ihr Vertrauen besitzen. Deuten Sie die Gefühle, die Träume, die unbewußten Regungen bei allen Beteiligten. Wenn Sie aber Ihren Glauben geprüft haben, scheuen Sie sich nicht, sich ihm restlos anzuvertrauen: Ein sinnvoller Glaube und eine bewußte Passion sind das Höchste der Gefühle!

Gelebte Einmaligkeit

Die Karte steht dafür, daß etwas zu Ende geht. Je nachdem, ob etwas Schönes oder Schlimmes sein Ende erfährt, verspüren Sie hier Trauer oder Freude. Die Bilder besagen aber auch: Es gibt etwas zu erledigen! Sie selber sind wie der Schnitter, und die Sense signalisiert: Sie haben »positive Aggressionen«, das heißt die Fähigkeit zu einschneidenden Veränderungen.

Das Crowley- und das Marseiller Bild zeigen den »Tod« als »Sensemann«, wie wir ihn auch aus vielen Märchen und anderen Darstellungen kennen. Oft liest man oder hört man, daß es beim »Tod« im wesentlichen darum gehe, sich im Loslassen zu üben. Das ist zwar richtig, aber für sich allein bleibt dies eine ungenügende, einseitige Betrachtungsweise. *Der Schnitter will auch ernten!* Er will Früchte nach Hause tragen. Das ist der Beruf des Schnitters. Die Karte aus dem Waite-Tarot macht den gleichen Inhalt in der *Erntekrone* sichtbar, welche der Schwarze Reiter in seiner Standarte trägt.

Loslassen, um zu ernten: Alles Überholte, Unechte, Nebensächliche, Unfruchtbare aufgeben oder erledigen, um jetzt und insgesamt in diesem Leben das zu ernten, was reif und fruchtbar ist.

Wenn ein Leben Früchte tragen soll, muß im passenden Rhythmus das Nötige für die gewünschte Ernte getan werden. Bis hin zur ständigen und letzten großen Aufgabe, die Ergebnisse eines Lebens für die Zukunft verwertbar zu machen. Welche Früchte sind jetzt reif? Welche Resultate fehlen Ihnen noch? Was paßt nicht mehr zu Ihnen? Wie können Sie Ihren Wünschen Nachdruck verleihen?

Der wahre Wille

Der lateinische Spruch auf der Crowley-Karte lautet: Visita Interiora Terrae Rectificando Invenies Occultum Lapidem. Das heißt: »Suche die inneren Bereiche der Erde auf; wenn du es richtigmachst, wirst du den verborgenen Stein finden.« Der verborgene Stein ist der berühmte Stein der Weisen, jenes Herzstück, welches die Alchemisten zu entdecken suchten. Nun – der Stein der Weisheit ist die Weisheit des Steins. Das bedeutet: In der Erde, in der Materie lebt es. Deshalb können materielle Widersprüche aufgehoben, bewegt und verwandelt werden.

Ziel des alchemistischen »Großen Werkes« war die Verwandlung von »grobstofflicher« in »feinstoffliche« Materie (und umgekehrt). Die Alchemisten haben damit vor einigen hundert Jahren einen *springenden Punkt* erraten und erahnt, der zu ihrer Zeit unerhört neu war, heute allerdings zur Allgemeinbildung gehört: Jede feste Masse stellt unter gewissen Voraussetzungen ein Äquivalent, einen gleichwertigen Ausdruck für bestimmte Energiequanten oder Energiemuster dar.

Das heißt praktisch: Die Karte ermuntert uns, die Widersprüche unseres Lebens selbst in die Hand zu nehmen. Sie sollen weder Tatsachen ignorieren noch vor ihnen kapitulieren. Tatsachen lassen sich ändern, sie sind eine Sache der Tat.

Ein Läuterungsprozeß des Feuers, in dem Schlacken abgestoßen oder verbrannt werden, auf daß der »wahre Wille« neugeboren und gekräftigt werde! Die Spaltung zwischen Wunsch und Wirklichkeit, bewußtem und unbewußtem Willen kann überbrückt werden. Eine lustvolle Verwandlung, in der die bisherigen Fakten umgeschmiedet werden.

Umwertung der Werte

Jeder Mensch bringt etwas Neues auf die Welt, das es zuvor nicht gegeben hat und ohne ihn nicht geben wird (vgl. IX-Der Eremit). Eigentlich freuen wir uns darüber; jedenfalls symbolisieren die Geschenke zu jedem Geburtstag: »Jeder Mensch stellt letztlich selber ein Geschenk dar.« Aber jede/r bringt auch bestimmte Eigenarten und Qualitäten mit, die nicht einfach in den *Rahmen des Bestehenden* hineinpassen. Alles, was im gegebenen Rahmen unberücksichtigt und im Schatten bleibt, ist tabu. Sobald der »Teufel« auftaucht, wird in irgendeiner Weise die Schwelle des Tabus überschritten; was zuvor *unterschwellig* vorhanden war, wird nun sichtbar. Eben darin liegt der wesentliche Vorteil des »Teufel«; man muß nur etwas mit ihm anzufangen wissen.

Lassen Sie sich nicht ins Bockshorn jagen. Hier haben Sie die Chance, sich ein paar alte »Hörner« abzustoßen. Auf der einen Seite stellt der »Teufel« einen *Vampir* dar. Eine wirkliche Last und Belästigung, womit wir uns und anderen schon lange das Leben schwermachen. Davor fürchten wir uns zurecht, und diesen Teil des Schattens können wir jetzt endlich loswerden, weil wir ihn erstmals erkennen. – Auf der ganz anderen Seite verkörpert der »Teufel« ein *Kellerkind*. Das ist ein Teil von uns, den wir bisher stiefmütterlich oder stiefväterlich behandelt haben, obwohl wir insgeheim und mit Recht eine Sehnsucht nach ihm empfinden. Diesen können wir jetzt heimholen. Wenn wir Licht ins Dunkle bringen, zerfällt der Vampir zu Staub, und das Kellerkind gewinnt Form und Farbe. Stellen Sie sich also dem Unbekannten, beobachten Sie es, bis Sie genau wissen, *was* Sie davon nutzen können und was nicht.

Mut zur Unmittelbarkeit

Zwei bestimmte Archetypen bestimmen die Bedeutung der Karte: Der Turmbau zu Babel und das Pfingstereignis. – Der *Turmbau zu Babel* steht für den menschlichen (oder einen speziell männlichen) Größenwahn. Ergebnis ist nicht nur die Zerstörung des Turms, sondern auch die »babylonische Sprachverwirrung«: Die Menschen verstehen einander nicht mehr. – An Pfingsten erinnern die weiße Taube mit dem Palmzweig (Crowley-Bild) und die goldenen Feuerzungen (Waite-Bild). Das Pfingstereignis aber stellt eine Umkehrung des Turmbaus zu Babel dar. Der »Heilige Geist« kommt in Gestalt von Feuerzungen auf die Jünger herab, diese beginnen zu reden, und jede/r hört sie in der eigenen Muttersprache reden. Statt Sprachverwirrung also eine *Aufhebung* der Sprach- und Verständigungsgrenzen.

Babel und Pfingsten – zwei gegensätzliche Pole der Nutzung der höchsten Energien, welche uns zur Verfügung stehen. Zwei völlig verschiedene Arten, »aus dem Häuschen« zu geraten. *Gewalt* zerstört und führt zu Sprachlosigkeit und Verwirrung. *Liebe* dagegen hebt die Sprachbarrieren auf, sie ermöglicht eine Verständigung über alle Grenzen hinweg.

Bei dieser Karte gibt es keinen Mittelweg. Es kann zu Erschütterungen kommen, doch es handelt sich um einen Vorgang, bei dem wir unsere Masken, unsere Vorbehalte, unseren Elfenbeinturm dann aufgeben, wenn die Zeit dafür reif ist. Setzen Sie Ihre ganze Energie ein! Sie schützen sich um so besser vor gewaltsamen Zumutungen, je bewußter Sie mit diesen »Hochenergien« umgehen. Riskieren Sie mehr Direktheit!

Schönheit und Wahrheit

Wie könnte ein Mensch erleuchtet werden, wenn er nicht schon das Licht in sich trüge?! Es kommt »nur« darauf an, daß Sie das Licht, das in Ihnen steckt, zum Vorschein bringen. Das bedeutet, daß Sie, wie im Märchen »Sterntaler«, alle falschen Hemmungen und Vorbehalte ablegen, um sich Ihrer persönlichen Wahrheit zu öffnen. Wenn dann der Stern nicht nur die Nacht, sondern auch den Tag erhellt, dann zeigt sich diese Wahrheit in ihrer ganzen Schönheit.

Manchmal warnt die Karte jedoch vor einer unangebrachten Schamlosigkeit oder Bloßstellung. Der Fuß der Sternenfrau, der im Waite-Bild *auf* dem Wasser ruht, weist auf zwei höchst gegensätzliche Arten von seelischer »Klarstellung« (Wasser symbolisiert Seele): Entweder zeigt das Bild die *Tragfähigkeit der Seele,* als Folge der *Aufhebung der Wasser des Unbewußten.* Oder es warnt vor einer perfekten Abschottung, *Unzugänglichkeit* und Vereisung der Seele. Das ist die Gefahr einer narzißtischen Selbstverliebtheit oder einer selbstverlorenen Vorliebe für einen fernen »Star«.

Tauen Sie also vereiste Gefühle auf. Halten Sie Ihr Seelenleben in Fluß und arbeiten Sie mit Ihren Träumen und Visionen! Hoffnungen und Ängste können aufgehoben werden, wie es die Sternenfrau mit den beiden Krügen demonstriert. Fruchtbare Träume wollen verwirklicht und [furchtbare Träume] erledigt werden. Beides erreichen Sie nicht im Traum, sondern mit einem wachen Bewußtsein, das Sie ganz durchströmt.

Erlösung

D*er Mond* steht für das *kollektive Unbewußte,* für die »ozeanischen Gefühle«. Er ruft verborgene Regungen ans Licht, wie den Krebs, uralte Gefühle und Instinkte (Waite- und Marseiller Bild) und wie den Skarabäus, die Sonne aus großer Tiefe (Crowley-Bild). Die Bilder zeigen einen belebten und bewegten Himmel, den Lebensweg, Schicksalslinien und einander überlagernde Energien. Wie eine Vollmondnacht kann dies alles recht aufwühlend wirken. Hier ist Ihr Mut zu großen Gefühlen gefordert!

Vielleicht begegnen Sie Stimmungen und Schwankungen, die Sie nur schwer einzuschätzen wissen. Die Gefahr besteht darin, daß Sie sich von diesen seelischen Wechsellagen absorbieren lassen. Anstatt persönlich ins Bild zu treten, tauchen Sie womöglich unter, wie der Krebs oder der Skarabäus-Käfer, heulen den Mond an, wie die Hunde (bzw. Hund und Wolf), oder stehen versteinert da, wie die Türme.

Ihre große Chance besteht jetzt darin, daß Sie sich in jedes lebende Wesen einzufühlen vermögen. Nichts Menschliches bleibt Ihnen fremd, und Sie finden in Vergangenheit, Gegenwart und Zukunft gleichermaßen Heimat. Sie werden lernen, sich auch in großen Strömen zu bewegen, ja, freizuschwimmen. So erwerben Sie eine *erweiterte Identität,* die in jedem Ereignis und in jedem Geschöpf auch einen Anteil des »Göttlichen« sowie der eigenen Persönlichkeit erkennt. Auf jeden Fall eine Karte, die Sie ermuntert, das Herz zu öffnen und jede Selbstbefangenheit abzulegen.

Happy-End · Neuanfang

Wie die *Sonne* aus irdischer Sicht mit jedem Aufgang, mit jedem Tag sich erneuert, so bedeutet diese Karte eine aktuelle und fortwährende Geburt des Lebens. Als Erwachsener wieder Kind zu werden, heißt, aus der Mitte zu leben.

Die »Lebensmitte« ist nicht nur eine ungefähre Altersangabe. Sie bezeichnet vielmehr die Mitte der Lebendigkeit, einen *Energiezustand,* worin die allseitige Entwicklung des Menschen wieder und – auf dem jeweiligen Bewußtseinsstand – erstmals möglich ist; diese Lebensmitte ist völlig unabhängig vom Alter.

Sobald wir aber einmal die Kinderschuhe ausgezogen haben, gehört ein bewußter Akt, ein »Sprung über die Mauer« dazu, wieder zum Kind zu werden. Dieser Akt wird die »Zweite Geburt« genannt. Deren Bedeutung besteht darin, daß Sie sich als Erwachsene/r ein zweites Mal, und diesmal *selber,* ins Leben rufen.

An die Stelle eines herkömmlichen Verhaltens und Denkens tritt ein selbsterprobter Lebensstil. Wahlverwandtschaft ersetzt Blutsverwandtschaft (wobei man natürlich auch die alten als die neuen Verwandten bestätigen kann). Wille und Bewußtsein bestimmen die großen und die kleinen Dinge des persönlichen Lebens anstelle von Gewohnheit und Wiederholung. So sei es.

Tägliche Wiedergeburt

Das traditionelle Bild aus dem Marseiller Tarot erinnert an die christliche Botschaft des Jüngsten Gerichts. Das Crowley-Bild stellt äußerlich eine Abkehr vom traditionellen Bildmotiv dar. Der Titel »Äon« bedeutet soviel wie »(Neues) Zeitalter« oder »(Neue) Zeitrechnung«. Inhaltlich hält sich jedoch das Crowley-Bild an die überlieferte Bedeutung der Karte. Es stellt einen Geburtsvorgang dar und macht ebenfalls Offenbarung, Transformation und Auferstehung zum Thema.

Hier tut sich alles auf: Die »Beziehungskisten«; Probleme oder neue Möglichkeiten, mit denen Sie schon lange »schwanger« gingen; Bereiche, die Sie bisher wie ein »Blaubartszimmer« noch nicht berührt haben. Es ist eine Karte, die Sie auffordert, auch die extremen Seiten des Lebens zu unterscheiden und zu verbinden, wie es das Kreuz auf den Fahnen der beiden Engel und wie es die beiden roten Brennpunkte im Crowley-Bild darstellen. Wesentliche Wünsche und Ängste, Schuldzuweisungen und Selbstvorwürfe müssen immer wieder durchgespielt und durchgearbeitet werden, bis der Keller der Vergangenheit und das Firmament der Zukunft geklärt und gereinigt sind. Erst dann bedeutet Wiedergeburt die Entdeckung einer neuen Lebensqualität, eine Transformation der alten. Ohne dieses »Erinnern, Wiederholen und Durcharbeiten« (Sigmund Freud) bedeutet Wiedergeburt vor allem Wiederholung, und der jüngste Tag (heute!) sieht sonst morgens schon alt aus, weil er von gestern ist.

Strecken Sie die Arme aus, um sich zu versöhnen oder um sich zu verabschieden. Lernen Sie verzeihen, ohne zu vergessen. Ziehen Sie einen Strich unter das, was war.

Aufhebung der Widersprüche

Diese Karte ist von der Numerierung her das höchste der 22 »Großen Geheimnisse« des Tarot. Was liegt näher, als zu vermuten, diese Karte bedeute Lorbeer, Sieg und Vollendung, weil sich doch in ihr das Ziel der Reise durch all die vorausgehenden Stationen darstelle. Eine solche Deutung dieser Karte ist vielleicht naheliegend, doch auch vordergründig. Sie entspringt zunächst einem Wunschdenken (»Ende gut – alles gut«).

Der Lorbeerkranz stellt Totenkranz und Siegerkranz zugleich dar. Die liegende Acht, die in allen drei Kartenbildern auftaucht, ist zwar Kennzeichen der Unendlichkeit im Sinne einer harmonischen Vielfalt und Ausgeglichenheit; dennoch stellt der Kreis möglicherweise auch eine Wiederholung des Ewig-Gleichen und damit einen »Teufelskreis« dar. Die Karte warnt *auch* davor, daß Sie sich im Kreise drehen, von einer bestimmten Situation so eingefangen sind, daß es nötig wird, jetzt einmal *aus dem Rahmen zu fallen.*

Es gibt immer eine Alternative. Darin liegt die Bedeutung der *zwei* Zauber- und Maßstäbe in den Händen der Welt-Frau. Nichts ist aus sich allein heraus verständlich. Zu jedem Satz gibt es einen Gegensatz, zu jedem Spruch einen Widerspruch. Ihre Stärke und Ihre Aufgabe ist es jetzt, selbst in die Mitte zu treten. Der Zweck der Auseinandersetzung mit den Polaritäten des Lebens ist die Entdeckung der persönlichen Werte und die Bestimmung dessen, was für Sie wirklich wesentlich ist.

Bringen Sie Ihre aktuellen Fragen mit Ihren Lebenszielen in Verbindung. Finden Sie heraus, welchen Beitrag Sie jetzt zur Erfüllung Ihrer Lebensaufgaben leisten können.

Null als Vorbild

Die Null ist ein Nichts, und sie warnt Sie vor einem Leben nach der Devise »Außer Spesen nichts gewesen«. Der »Nullpunkt« bezeichnet aber auch den innerpersönlichen Schnittpunkt, das Selbst, die Stelle des inneren Zusammenhaltes; wie der Nullpunkt eines Koordinatensystems: Anfang und Ende von allem, was die eigene Person ausmacht.

Im Griechischen heißt »alles« *Pan.* Der Mut zur Zukunft (auch dann noch, wenn diese nicht mehr vorhergesehen und vorherbestimmt werden kann) bedeutet *Mut zum eigenen Weg,* auch wenn der weitere Wert aller Vorbilder gegen Null geht und wenn Sie offen und ohne Rückendeckung handeln. Je ungewohnter der selbständige Weg ist, um so mehr kommt Panik auf, falls dieser doch vonnöten wird. Pan-ik ist *alles auf einmal.* Je mehr Spiel-Raum der »Narr« in Ihrem Leben bekommt, um so mehr gewöhnen Sie sich daran, Gott und die Welt und sich selbst so zu nehmen, wie sie sind: Alles, was man weiß und kennt, bekommt einen Stellenwert im eigenen Leben – alles zu seiner Zeit.

Wenn Sie das Gefühl haben, etwas zu versäumen, nehmen Sie es nicht auf die leichte Schulter. Der »Narr« steht für einen Zustand, in dem Sie *wunschlos glücklich* sind. Die Erfüllung wichtiger Wünsche und die Aufhebung treibender Ängste werden jetzt zur Tagesaufgabe.

Stäbe

Triebe · Taten

Die Stäbe vertreten das Element Feuer. Schlüsselbegriff ist der *Wille*. Wie im Feuer Edelmetall geläutert und Schlacken abgestoßen oder verbrannt werden, so bewirkt das Lebensfeuer, das in uns brennt, eine Läuterung des Willens.

Wenn Holz brennt, befinden sich die Flammen in steter Bewegung. Das Feuer in Ihnen ist Ausdruck Ihrer Lebendigkeit. Und so ist die erste praktische Bedeutung, wenn Sie eine Stab-Karte ziehen, diese: *Es muß etwas geschehen*! Die Antwort auf eine gesuchte Frage erhalten Sie bei einer Stab-Karte, wenn Sie etwas tun, sich selbst und andere in Bewegung setzen oder in Bewegung bringen lassen.

Dieses Moment der Bewegung lassen die Stäbe im Crowley-Tarot oft unmittelbar im Bild erkennen. Blitzende, züngelnde und emporschlagende Flammen bringen die Dynamik des Feuers zum Ausdruck. Das Waite-Tarot zeigt die Stäbe stets mit sprossenden Trieben. Diese machen den Inhalt, die Motive des Feuers sehr offenkundig: Sie verdeutlichen Triebkraft und Wachstum als Hauptinhalte des Feuers. Die Pflanzentriebe stehen dabei stets auch für die menschlichen, die persönlichen Triebe. – Auch wenn die Stäbe nur als nacktes Holz, ohne zusätzliches Grün gezeichnet werden – wie im Marseiller Tarot und den meisten älteren Tarot-Varianten –, symbolisieren sie Trieb- und Wachstumskräfte. Denn sie sind *Brennmaterial*, potentielle Energie, Nahrung für das Feuer.

Assoziationen zu den Stäben: Das Holz, das dem Feuer Nahrung gibt. Phallus-Symbol, Hexenbesen, Sprößling (auch: Kind), Wurzel (auch: Vorfahre). Lebensenergie, Energieverbrauch, Feuerwerk, Fegefeuer. Das männliche Erbe. Sonne.

»Klopf auf Holz!« – so kommen Sie »auf einen grünen Zweig«.

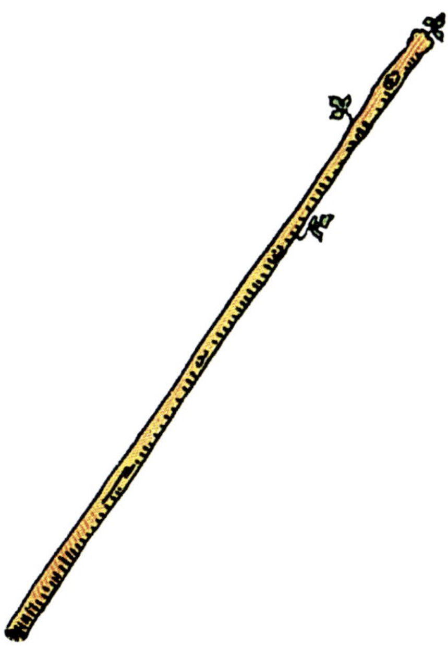

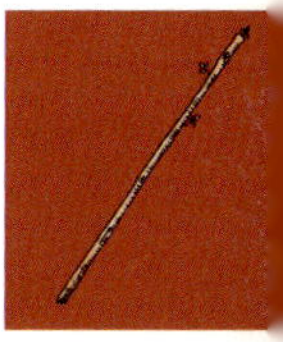

Power auf Dauer

Die Königin der Stäbe stellt nach gängiger Auffassung das Herz des Feuers dar. Sie verkörpert vor allem Ihre »Grundtriebe« (»basic instincts«) und Ihre wesentlichen Prinzipien (Ihre Haupt-Sachen und was Sie »überhaupt« wollen).

Ihre besondere Stärke und Ihre besondere Aufgabe ist es jetzt, den ersten Anstoß zu geben. Die schließlichen Konsequenzen Ihres Tuns sind zu bedenken; doch konzentrieren Sie sich jetzt darauf, was Sie in Bewegung bringen und *wie* Sie es tun wollen. Ihre Selbstbehauptungskraft und eine lebendige Sexualität sind Garanten Ihres Erfolgs und Ihres Wohlbefindens.

Begreifen Sie, daß Ihre Direktheit, Ihre Spontaneität und Ihre Eigenwilligkeit besondere Talente sind, die andere gerne bewundern oder anerkennen – solange *Sie* akzeptieren, daß andere eben möglicherweise ganz anders sind. Verfallen Sie nicht in Ungeduld, sondern gehen Sie Ihren Weg! Die Angst vor'm Fliegen und die Angst davor, wirklich zur Ruhe zu kommen, – diese und andere hier typischen Ängste werden Sie überwinden, wenn Sie »die Katze aus dem Sack« lassen und die Sonne in Ihrem Herzen spüren. Teilen Sie sich Ihre Aufgaben ein, und betonen Sie jeden Schritt.

Feuerprobe

Sie sind ein »scharfer« Typ, bewegend und bewegt in Ihrem Herzen und »grün«, das heißt jung und frisch in Ihren Schritten und Taten (vgl. die grünen Schuhe und den grünen Untergrund des Prinzen-Wagens). Der machtvolle Thron (Waite-Bild), nach oben ohne Ende, symbolisiert, daß für Sie *der Himmel keine Grenzen* kennt. Jetzt erfahren Sie die Wahrheit des bekannten Spruchs: »Des Menschen Wille ist sein Himmelreich.« Sie können in diesem Sinne Himmel und Erde, Wille und Notwendigkeit miteinander verbinden, wenn Sie den Weg des Salamanders gehen.

Vom Salamander heißt es, er könne durchs Feuer gehen, ohne darin umzukommen. Auch Sie können Feuerproben nicht nur aushalten; Sie brauchen Sie sogar. Denn nur im Feuer trennen sich Gold und Schlacke, verschmelzen all Ihre Kräfte zu *einem* Willen.

Wenn Sie Feuerproben grundsätzlich bejahen, läßt sich im übrigen viel besser gesunder Streß von ungesunden Belastungsproben unterscheiden. Gesunder Streß veranlaßt Sie, statt Leerlauf und Zerstreuung, den Weg in Ihre Mitte zu finden und in Ihrer Mitte zu bleiben. Nehmen Sie also die besonderen Chancen oder die besonderen Notwendigkeiten, die sich Ihnen jetzt stellen, an und greifen Sie zu, ziehen Sie sich nicht im entscheidenden Moment wieder zurück. Auch hölzernen Aggressionen sowie einem hehren Draufgängertum treten Sie am besten entgegen, wenn Sie ganz und gern für das, was Sie lieben, durchs Feuer gehen: Ab durch die Mitte.

Farbe bekennen

Als *Ritter* der Stäbe leben Sie inmitten des Feuers. Damit Sie sich nicht die Finger und anderes mehr verbrennen, sind Sie auf ein gutes intuitives Reaktionsvermögen angewiesen. Sie können nicht umhin, dem »Pferd«, also der Lebenskraft, dem Bewegungsdrang, der Instinkt- und Triebnatur, eine gewisse Eigendynamik zuzugestehen. Jetzt gilt der Satz: »Wie kann ich wissen, was ich will, ehe ich sehe, was ich tue!«

Gehen Sie aus sich heraus, bringen Sie Ihr Inneres nach außen, nicht ohne Rücksicht auf Verluste, aber ohne Rücksicht auf bestimmte Vor-Erwartungen oder Vor-Urteile. Sie müssen handeln, *bevor* Sie wissen, warum und zu welchem Resultat. Bleiben Sie in Bewegung. Denn nur in der *Aktion* kommen Sie jetzt Ihren Zielen näher. Dinge und Ereignisse werden Ihnen in ihrer Bedeutung klar, sobald etwas *geschieht*.

Setzen Sie Ihre Kräfte ein. Bauen Sie auf Ihre intuitive Wahrnehmung, und folgen Sie Ihrer Energie. Ungenutzte Kräfte verwandeln sich in Ballast, der Sie ermüdet und beschwert. Alle Kräfte, die Sie ins Geschehen einbringen können, verbrauchen und – erneuern sich im Feuer. Reagieren Sie auf Impulse und Entwicklungen in Ihrer Umgebung. Und finden Sie Ziele und Lebensaufgaben, die groß genug dafür sind, daß Sie all Ihre Kräfte darin entfalten und zuspitzen können.

Feuer und Flamme

D*er Page oder die Prinzessin der Stäbe* lebt in einer Situation, worin der Stab bzw. die Flamme einfach *größer* ist als die Person selber. Der Trieb ist stärker als die Lebenserfahrung. Tatendrang und Wachstumslust stellen Sie jetzt vor die Aufgabe, über sich selbst hinauszuwachsen.

Im Vergleich zu dem, was Sie bewegen und was Sie bewegt, ist die Erfahrung, die Sie mitbringen, relativ gering. Das ist jetzt Ihre Gefahr, aber auch Ihre Chance. Verirren Sie sich nicht in die Wüste oder in Wüstheit. Und verspielen Sie nicht Ihre Chance. Jetzt ist es Zeit für einen Anfang, der Sie erneut zum Ausgangspunkt Ihrer Feuerenergie führt:

Wie Sie einst die Welt betreten haben, voller Lebenswille, instinktiven Wachstumsdrangs und selbstverständlicher Triebkraft, so liegt es an Ihnen, auch Ihr jetziges Leben hingebungsvoll zu entdecken, spielerisch zu erobern und jeden Erfolg oder Mißerfolg, jedes Ereignis als neue Erfahrung zu begrüßen. »... und jedem Anfang wohnt ein Zauber inne, der uns beschützt und der uns hilft zu leben« (Hermann Hesse).

Lebenskraft

Ohne Feuer fehlt Ihnen die Flamme der Begeisterung, die Farbe der Lebendigkeit und die Dynamik des Willens. Wie im Märchen von »Tischlein deck dich, Goldesel streck dich …« führen selbst die schönsten Errungenschaften nicht zu Glück und dauerhafter Zufriedenheit, wenn da nicht ein »Knüppel aus dem Sack« vorhanden ist, mit dem Sie Ihren Willen, Ihre Intuition und Ihre Selbstbehauptung in die Tat umsetzen können.

Witzigerweise erneuern sich Ihre Feuerenergien dadurch, daß Sie sie verbrauchen. Es mag Erfahrungen geben, die Sie vom Feuer abhalten. »Gebranntes Kind scheut das Feuer.« Doch gerade solche Verletzungen zeigen, daß es jetzt Ihre Aufgabe ist, das Feuer zu meistern.

Tragen Sie dazu bei, daß menschliche Kälte, Farblosigkeit und »tote Hosen« ebenso in ihre Schranken verwiesen werden, wie die ohnmächtigen und gewaltsamen Feuerkräfte, die über die Erde irrlichten.

Die Hand aus der Wolke bedeutet: Es ist ein Geschenk des Lebens, daß Sie jetzt das Feuer noch einmal neu entdecken und selber in die Hand nehmen können. Der Wille zu sich selbst und die Lust, über sich hinauszuwachsen, stellen die beiden Pole eines Feuerstabs dar. Leben Sie damit.

Vertrauen in die eigene Kraft

Lust und Last des Anfangs: Große Aufgaben wollen in »kleine«, in handhabbare Stücke geteilt werden! »Teile und herrsche« lautet die Devise. Es kommt darauf an, daß Sie Ihr Feuer, widersprüchliche Motive und Ziele, machtvolle Instinkte, unmittelbare und langfristige Aufgaben sich *einteilen*, um sie mit Erfolg in die Hand zu nehmen.

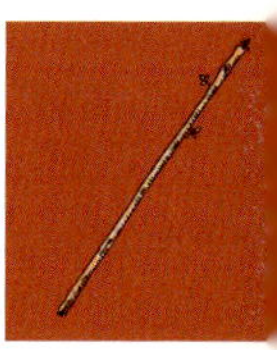

Vermeiden Sie Stückwerk. Gerade wenn Ihnen eine »Arroganz der Macht« zuwider ist, dürfen Sie nicht in Ohnmacht verfallen. Setzen Sie – wie der Holzfäller im Märchen – auf einen groben Klotz einen groben Keil. Unterscheiden Sie eigene und fremde Absichten und arbeiten Sie, Stück für Stück, *mit* den eigenen und mit fremden Energien.

Lassen Sie sich nicht in eine Zwickmühle treiben. Keine/r zwingt Sie, sich zu verheizen. Und nirgendwo steht geschrieben, daß Sie nur anderen das Gesetz des Handelns überlassen sollen. Der Ball liegt bei Ihnen. Warten Sie solange, bis sich Ihre Sicht der Dinge rundet und bis Ihr Entschluß feststeht. Wenn Sie soweit sind, zögern Sie nicht länger, bringen Sie Ihren Ball ins Spiel! Handeln Sie mit ganzer Macht.

Mit Begeisterung

Die Gründe sind vielfältig, das Ergebnis aber eindeutig: Wir leben oft mit Alternativen, die *schlechte Alternativen* sind. Da gibt es den Typus des Abenteurers, der sein Feuer lebt und der überall und nirgends zuhause ist; auf der anderen Seite die Behaglichkeit eines angenehmen Zuhauses, in dem man »ruhiger« geworden ist und das Feuer nur noch auf Sparflamme brennt. Da gibt es heiße Sexualität und gefühlvolle Liebe als scheinbar sich ausschließenden Gegensatz. Oder zum Beispiel die Gegenüberstellung von Berufsarbeit und Freizeit: Entweder sind der Streß und die Routine des Berufs so ungeliebt, daß man sich nur in Freizeit und Urlaub als »richtiger Mensch« fühlt, oder umgekehrt weiß man mit Freizeit und Ferien wenig anzufangen, weil vor allem die Arbeit Erfolg und Glück bringt.

Diese und viele andere Gegensätze des Lebens sind nicht immer zu vermeiden und lassen sich nicht alle aufheben. Aber sie bleiben schlechte Alternativen und stellen im Grunde eine *Notlage* dar. Denn irgendwo werden wir dabei immer als *ganzer Mensch* in Stücke gerissen. Doch Not macht erfinderisch (wenn man sich von ihr nicht schachmatt setzen läßt). Darauf spielt auch der Titel der Crowley-Karte »Tugend« an: Ihr Feuer, Ihr Tatendrang und Ihr Erfindungsgeist werden da am meisten benötigt und kommen dort am besten zur Geltung, wo es gilt, »aus der Not eine Tugend« zu machen!

Es gibt bessere Lösungen, die Ihren ungeteilten Einsatz und Ihre ganze Kraft erfordern und zur Geltung bringen. Mit Begeisterung erreichen Sie Ihr Ziel. Setzen Sie Ihren Geist in Bewegung und handeln Sie damit.

Das Auge des Tigers

Wenn Kraft und Geist, Lebendigkeit und Licht einander gegenüberstehen wie Widder und Taube im Crowley-Bild, dann sehen wir »das Auge des Tigers«, das Zentrum des Feuers. Auch das Waite-Bild zeigt ein pulsierendes Zentrum – das Leben an einem Kraftort, mit Hochspannung.

Im Crowley-Bild sind das Venus- und das Widder-Zeichen angegeben. Im Waite-Tarot entsprechen dem die blaue und die rote Farbe der Bildfiguren in der Mitte. Venus gilt als typisch »weiblich« und Widder als typisch »männlich«. Die geschlechtliche Identität als Frau oder als Mann wird damit als Ihre wesentliche Kraftquelle angegeben. – Die Verbindung von Venus und Widder bedeutet zusätzlich, Stärken und Schwächen des *anderen* Geschlechts auch in sich selbst zu entdecken; eine weitere Herausforderung und Quelle der Kraft.

Wenn Sie »aus dem Bauch heraus« mit all den Widersprüchen und Energien, die in Ihnen und die zwischen Ihnen und anderen bestehen, leben, dann brauchen und entwickeln Sie immer wieder neue Entschlossenheit und Begeisterung.

Erschrecken Sie nicht vor den widersprüchlichen Erfordernissen des Augenblicks. Ungesunden Stteß und unerwünschten Leerlauf verhindern Sie, wenn Sie sich in Ihren Beziehungen und Aufgaben mit bewußter Kraft engagieren. So besitzen all Ihre Kräfte die Chance, miteinander vereint zum Einsatz zu kommen. Fassen Sie den Mut, Grenzen zu überwinden und Widersprüche nicht nur zu meistern, sondern in ihnen neue kreative Möglichkeiten zu entdecken.

Lebendiger Wille

Was Sie – und was andere – wirklich wollen, steht nicht einfach fest, sondern ist in permanenter Bewegung. Es ist jedenfalls von Vorteil, wenn immer wieder die unterschiedlichsten Triebe und Interessen, die in Ihnen stecken (wie die »Halbstarken« im Waite-Bild), miteinander ringen und darum wetteifern, wo es jetzt im Moment langgehen soll. Nehmen wir als Beispiel: Die eine Seite in Ihnen möchte sich »'mal richtig ausschlafen«, eine andere »endlich wieder eine Nacht durchmachen«. Da sind der Haushalt, die Kinder, die Verpflichtungen, da sind die Abenteuerlust, die Leidenschaft, das Streben nach Anerkennung, der Wille zum Erfolg und vieles mehr.

Nur wenn »viele Flammen« brennen, bildet sich Ihr persönlicher Wille immer wieder neu und bleibt selber lebendig – diesen Aspekt betont das Waite-Bild. Die vielen beteiligten Kräfte sollen sich dabei für jeden Augenblick auf *eine* Linie einigen, damit sich die Energien nicht verzetteln; dieser Aspekt steht im Crowley-Bild durch den einen besonders hervorgehobenen Stab im Vordergrund. Im Ergebnis gewinnt Ihr Wille dadurch an Lebendigkeit *und* an Deutlichkeit. Zugleich gewinnen Sie oder bewahren Sie sich etwas Spielerisches, weil Sie jetzt auf Verbissenheit und Unentschlossenheit verzichten können.

Beobachten Sie sich und andere – testen Sie: Welche Bestrebungen des Willens entsprechen wirklichen Wünschen und können deshalb etwas bewegen? Welche Willens- oder Kraftakte sind überflüssig, weil sie etwas erzwingen wollen, das keine wirksame Bedeutung besitzt?

Ganzer Einsatz

Ihre optimale Kraft entfalten Sie dann, wenn Sie Ihre Stärken *und* Ihre Schwächen ins Felde führen. Auch mit Ihren schwachen Seiten können Sie etwas anfangen. Es stimmt nicht, daß Sie sich nur von Ihrer Sonnenseite zeigen sollten, um einen Sieg zu erringen. Wenn Sie dem folgen, wofür Sie eine Schwäche besitzen, laufen Sie zu voller Form auf, sind ganz bei der Sache und fühlen sich wohl. In diesem Sinne haben Sie immer schon gewonnen, was Sie auch tun, wenn Sie vorhandene Schwachpunkte berücksichtigen (natürlich ohne die vorhandenen Stärken zu vergessen). Umgekehrt bleibt jeder Sieg nur ein halber Sieg, solange Sie Ihr Recht auf persönliche Ganzheit opfern.

Je klarer Sie sich im Waite-Bild nicht nur mit dem »Held«, sondern mit allen beteiligten Gestalten identifizieren können, um so vielfältiger, wohlgeordneter und abwechslungsreicher kann sich Ihr Feuer ausbreiten und andere anstecken (s. Crowley-Bild). Dann gelingt es Ihnen, Schwäche in Stärke zu verwandeln. Wer sich über Schwächen hinwegsetzt, der verliert etwas – Rückhalt, Bodenhaftung, Selbstachtung und manches mehr. Wenn Sie Schwächen in Stärken verwandeln, *gewinnen Sie* an zusätzlicher Energie, mit jedem Schritt, den Sie tun.

Lassen Sie sich nicht einschüchtern, und stellen Sie Ihr Licht nicht unter den Scheffel! Vertreten Sie, was Sie innerlich bewegt, und setzen Sie sich ganz dafür ein. Dann sind Sie wie ein Lauffeuer: nicht aufzuhalten.

Energie-Arbeit

Viele Energien stehen Ihnen zur Verfügung. Ihre Leistung oder Ihre Aufgabe im Augenblick ist es, diese Energien zu verarbeiten und zuzuspitzen. Die Situation macht es erforderlich, »alles auf eine Karte zu setzen«. Doch es geht dabei wirklich »um alles«, um all Ihre Beweggründe und Absichten. Vermeiden Sie also willkürliche Entschlüsse, die aus Halbherzigkeit geboren werden.

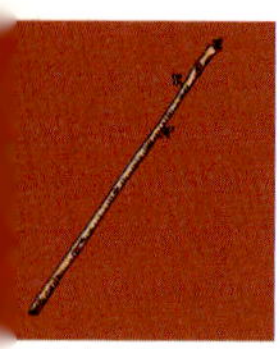

Wenn Sie etwas erreichen wollen, müssen Sie Kontakt damit aufnehmen. Möchten Sie etwas bewegen, dann nehmen Sie es in die Hand. Wollen Sie etwas verwandeln, dann müssen Sie es begreifen! Je mehr Sie die Tatsachen anerkennen, um so besser können Sie Ihrem Willen zum Erfolg verhelfen. Jeder Versuch, die Dinge zu manipulieren, um dadurch den eigenen Willen »durchzudrücken«, wird damit überflüssig, ja, sogar hinderlich.

Nehmen Sie Ihren Willen als Maßstab, doch lassen Sie auch zu, daß Ihr Maßstab sich verwandelt und neuformiert. Wenn Ihr Wille und die Notwendigkeiten, vor denen Sie einfach stehen, sich wechselseitig aneinander abarbeiten, so folgt daraus der unschätzbare Vorteil, daß *Wunsch und Wirklichkeit* für Sie keine unüberbrückbaren Gegensätze sind.

Seien Sie offen für Wachstum, Veränderung und Entwicklung in Ihnen und in Ihrem Umfeld. Durch Ihr Dazutun können bestehende Tatsachen verändert werden. Und der Gang der Dinge gibt Ihnen neue Argumente, veränderte Kräfte, um das zu vertreten, was Ihnen am Herzen liegt. Sie erreichen einen neuen Ansatz und bewegen sich auf einem neuen Niveau Ihrer Bemühungen.

Größere Verantwortung

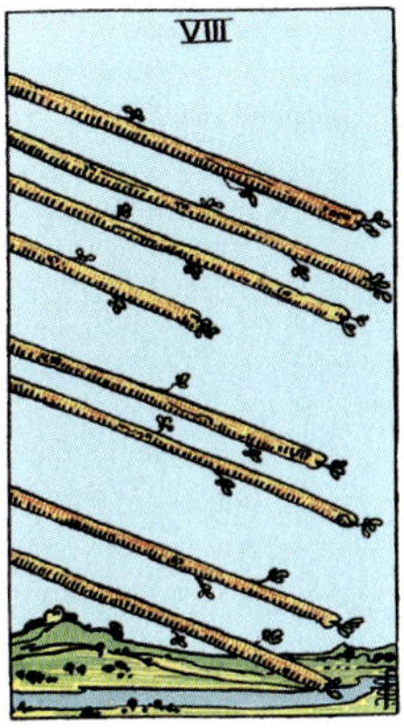

Sie erleben und erreichen Veränderungen auf vielen Ebenen. »Schnelligkeit« ist jetzt keine Hexerei, sondern steht und fällt mit einem erhöhten Energieumsatz, der vieles leichter und viel mehr möglich macht, als landläufigen Vorstellungen entspricht. »Nix ist los/solang du alles festhältst« (Jo Enger). Viele Projekte scheitern nicht am Mut zum Neuen, sondern an mangelndem Abschied vom Alten! »Liebe Gewohnheiten« und alte Vorstellungen können sich wie ein Bretterzaun darstellen, der uns die Welt vernagelt (s. Waite-Bild). Wenn Sie von dem ausgehen, was Sie und andere wirklich wollen, können Sie sich ohne Schaden und ohne falsche Verluste von Hindernissen und Hemmungen befreien.

Je mehr Sie auf diesem neuen Niveau voranschreiten, um so mehr kommen Sie mit Erlebnissen und Ereignissen in Berührung, die Ihr bisheriges Fassungsvermögen übersteigen. Ihr Gesichtsfeld und Ihr persönlicher Bezugsrahmen werden erweitert, und wie auf einer Stufenleiter erreichen Sie mit jedem Schritt neue Perspektiven und Ausblicke. Ihre Fähigkeit, diese neuen Eindrücke aufzunehmen und zu verarbeiten, ist das Geheimnis des Erfolgs, der jetzt für Sie möglich ist. Öffnen Sie sich für neue Erfahrungen, ja, für neue Wirklichkeiten.

Halten Sie Ihre Ziele im Auge. Lassen Sie sich nicht bremsen und nicht erschüttern. Akzeptieren und fördern Sie ein gleiches für Ihre Mitmenschen. Reagieren Sie flexibel auf Anforderungen und Einwände. Sie besitzen und Sie brauchen ein größeres Maß an Verantwortung: an *Antworten* auf das, was Sie und andere wirklich bewegt.

Ungeteilte Aufmerksamkeit

Wenn Sonne und Mond an einem Strang ziehen, wie es das Crowley-Bild illustriert, dann stimmt das, was wir mit unserem Bewußtsein (Sonne) wollen, und jenes, was wir uns unbewußterweise (Mond) wünschen, überein. Es ist, als ob der große Bruder und die kleine Schwester sich gegenseitig an die Hand nehmen.

Wenn Sonne und Mond einander gegenüberstehen, dann ist Vollmond. Solange es Tag ist, macht dieser Vollmond sich für uns nicht bemerkbar. So geht es möglicherweise der menschlichen Gestalt im Waite-Bild: Vieles tut sich, vieles bewegt und entwickelt sich – aber *hinter ihrem Rücken,* wo sich die Mehrzahl ihrer Stäbe befindet. – Wenn es Nacht wird, ist jedoch der Vollmond wirksam. Und wie in einer Vollmondnacht, so bringt es möglicherweise einige Aufregung und Erregung mit sich, wenn wir vom Bewußtsein her endlich erkennen, was wir von unserem Unbewußten her tatsächlich wollen. Ja, je mehr »Stäbe« *vorher* dem Blick verborgen waren, umso größer jetzt die Ungewißheit, die Aufregung und die Verwunderung darüber, was bei Vollmond alles ans Licht kommt.

Die Binde am Kopf der Bildfigur (Waite-Tarot) ist möglicherweise ein Verband und kündet von den Verletzungen eines einseitig orientierten Bewußtseins; oder dieselbe Binde ist das Abzeichen eines Kriegers auf seinem Pfad und signalisiert die rundumgerichtete, allseitige Aufmerksamkeit, mit der Sie jetzt Tag und Nacht erleben und vielfältige Bedürfnisse neu verstehen. Nehmen Sie sich selbst an die Hand, als Ihr großer Bruder und als Ihre kleine Schwester!

Ganz präsent

Das Waite-Bild zeigt im wahrsten Sinne des Wortes ein Energiebündel. Genaugenommen, sind sogar *zwei* Energiebündel zu erkennen: Einmal die zusammengefaßten Stäbe und zum anderen die Bildfigur, die sie voranträgt, die selbst ein Energiebündel sein muß, um ihre Neigungen zu verfolgen und/oder ihre Aufgaben zu bewältigen. Die Vorstellung von zwei großen Kräften, die sich einander gegenüberstehen oder begleiten, findet sich auch im Marseiller und im Crowley-Bild in Gestalt der beiden hervorgehobenen Stäbe.

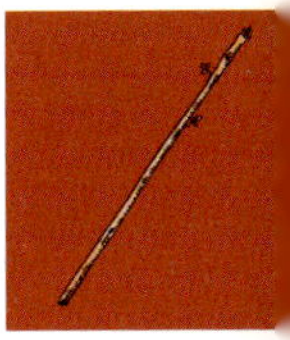

Jeder Mensch und jeder Sachverhalt besitzen eine eigene Logik, ein eigenes »Gesetz« und somit – im konkreten oder übertragenen Sinne – einen eigenen Willen. Erfolg oder Mißerfolg hängen jetzt ganz davon ab, ob Ihr eigener Wille und der Wille des anderen (der Wille einer anderen Person oder der »Wille« bestimmter Fakten) miteinander harmonieren oder gegeneinander arbeiten.

Wenn Sie das Gefühl haben, sich zuviel aufgeladen zu haben oder in eine Sackgasse zu geraten, dann liegt Ihr momentaner Wille quer zu dem Willen der/des anderen. Finden Sie heraus, wo Ihre Willenskraft zu schwach ist, und steigern Sie an diesen Punkten Ihren Einsatz auf hundert Prozent. Aber dort, wo Sie versuchen, mit Gewalt oder Selbstverleugnung etwas zu erreichen, geben Sie Ihre vergebliche Mühe auf, lassen los und werfen Ballast ab!

Erst wenn Sie einem Menschen oder einer Sachfrage Ihre ungeteilte Zuneigung schenken, verstehen Sie ihn oder sie in seiner oder ihrer Logik. Sie müssen sich nach vorne neigen, sich vorwagen und hineingeben. So haben Sie die Nase vorn.

Kelche

Gefühle · Wünsche · Ängste

Die Kelche vertreten das Element Wasser. Schlüsselbegriff ist die *Seele.* Wenn Sie eine Kelch-Karte ziehen, dann liegt die erste praktische Bedeutung darin, daß Sie dafür sorgen, daß »es« *fließt.* Ihre Seele zeigt Ihnen die richtige Antwort oder Lösung. Bleiben Sie auf dem laufenden und halten Sie die Dinge im Fluß. Beachten Sie die Bedürfnisse Ihrer Mitmenschen, und berücksichtigen Sie alle wirksamen Gefühle.

Wasser ist an sich ungreifbar (und im übertragenen Sinne unbegreifbar). Durch die Kelche wird es faßlich. Wie das Wasser unsere Gefühle symbolisiert, so stellen die Kelche all das dar, was unseren an sich ungreifbaren Seelenkräften eine faßbare Form verleiht. Die Kelche sind ein Inbegriff *bestimmter* Gefühle. Die Kelche stellen vor allem unsere Wünsche und Ängste dar, in denen sich die fließenden Bedürfnisse der Seele fixieren oder konkretisieren.

Assoziationen zu den Kelchen: Das Gefäß, das dem Wasser Halt gibt. Symbol des weiblichen Schoßes und des weiblichen Erbes. Die Gralssuche der Ritter der Minnezeit. Quelle (auch: Herkunft), Mündung (auch: Bestimmung). Das Wasser des Lebens und des Todes, Jungbrunnen, Taufe. Tränen, Trunkenheit, Mond.

»Rund drei Viertel der Erdoberfläche und zwei Drittel des menschlichen Körpers bestehen aus Wasser.«

Kostbarkeit der Seele

Wenn wir dem Reichtum unseres Gefühlslebens begegnen, glauben wir oft, wir hätten »zuviel« Gefühl oder zu verschlungene, wechselhafte Seelenklänge, die eine gute Beziehung zu sich selbst oder zu anderen erschweren. Doch in der Regel trifft das nicht zu, im Gegenteil. Erst reichfließende Gefühle machen die natürlichen Grenzen des Einfühlungsvermögens deutlich, jene Grenzen, an denen spürbar wird, daß das eigene Fassungsvermögen gefüllt ist und an denen sich der andere Mensch in seiner seelischen Besonderheit unterscheidet. Dann *schließt* sich Ihr Kelch (Waite-Bild), und Sie werden fähig zu Beziehungen, welche Gemeinsamkeit und Eigenleben, Nestwärme und Autonomie, Mitgefühl und Selbstgefühl verbinden.

Das *Bedürfnis nach seelischer Ganzheit* offenbart sich in einem interessanten Widerspruch: Im Waite-Bild drücken der geschlossene Kelch einerseits und die muschel- oder trichterförmige Rückwand des Thrones andererseits zur gleichen Zeit die Geschlossenheit und die Offenheit der Seele aus. Im Crowley-Bild derselbe Inhalt in anderer Darstellung: Die Seele gleicht einem großen Spiegel (s. Wasserspiegel), der auf seiner einen Seite offen für alles ist, um auf seiner anderen Seite sein Eigenleben für sich zu behalten. Die Pole von Offenheit und Geschlossenheit sind Voraussetzungen eines intakten Seelenlebens und die Quelle der Persönlichkeit. Sie sorgen dafür, daß Sie weder zerfließen noch verhärten.

Sorgen Sie dafür, daß Sie sich zur gleichen Zeit seelisch öffnen und abgrenzen können. Wann immer dies gelingt, »stimmen« Ihre Gefühle. Dann sind Sie guter Stimmung und sprechen als Person mit *einer* Stimme.

Tragendes Verlangen

Wie *der König oder Prinz der Kelche,* so fühlen auch Sie sich haltlos, solange Sie nach *äußerer* Sicherheit suchen. Sie finden, umgekehrt, einen sicheren Rahmen und eine beflügelte Festigkeit in Ihrem Leben, wenn Sie sich Ihrer inneren Antriebe sicher sind und Sie sich an das halten, was Ihnen Auftrieb gibt. Sobald Ihnen auch verborgene Gefühle *deutlich* werden (wie der Fisch, der im Waite-Bild aus dem Wasser schaut), besitzen Sie eine Plattform, eine Basis echter Gefühle, auf die Sie bauen können.

Eigentümlich genug, es ist Ihr *Verlangen,* das Ihnen festen Boden unter den Füßen – inmitten einer uferlosen Wasserwelt – verleiht. Das Verlangen unterscheidet sich vom bloßen Gefühl dadurch, daß es eine zusätzliche Dynamik sowie eine erhöhte Betroffenheit und Verbindlichkeit ins Spiel bringt. Sehnsüchtiges Verlangen und leidenschaftliches Begehren *verdichten* die Gefühle und machen sie zur *Grundlage* des persönlichen Verhaltens.

Gehen Sie in Ihren aktuellen Fragen den Gefühlen (aller Beteiligten) auf den Grund. Achten Sie auf tiefsitzende Bedürfnisse, und haben Sie den Mut, Ihr wahres Verlangen zu ermitteln und auszudrücken.

Kraft des Glaubens

Wo Gefühle, seelische Bedürfnisse und seelisches Verlangen so groß werden, daß sie sich zum Beispiel auf eine ganze Lebensspanne beziehen, können sie nie durch die bisherigen Erfahrungen allein widerlegt oder bestätigt werden. Die »großen Gefühle« sind also ganz wesentlich eine Sache des *Glaubens*. Ein vernünftiger oder bewußter Glaube verträgt sich wunderbar mit Wissen und Bewußtsein. Nur daß der Glaube erst da anfängt, wo das Wissen seine tatsächlichen Grenzen erreicht.

Es geht jetzt darum, daß Sie Ihren Glauben prüfen – und sich ihm anvertrauen. Ihre aktuellen Fragen erfordern »Mut zum Gefühl« und, mehr noch, eine besondere Konsequenz in Gefühls- und Glaubensentscheidungen.

Kostbarkeit der Seele

Unsere Leidenschaften lassen uns die *Inhalte* des Seelenlebens klar erkennen, so wie im Waite-Bild der Fisch, der sonst im Wasser und unter der Wasseroberfläche haust, deutlich sichtbar zu erfassen ist. In den Leidenschaften kristallisieren sich unsere Gefühle; das drückt das Crowley-Bild durch die Kristalle aus, welche die Prinzessin auf ihrem fließenden Gewand trägt.

Um die Leidenschaften Ihrer Seele zu genießen und ungetrübt zu feiern, müssen Sie nur dafür sorgen, daß aus der Kristallisation der Gefühle keine Fixierung wird. Isolierte Gefühle sind wie ein Fisch auf dem Trockenen. Fruchtbare Leidenschaften fördern den Fluß der Dinge, schaffen bleibende Momente und Kostbarkeiten im Strom des ewigen Wandels.

Wunder der Seele

Die Taufe stellte ursprünglich einen Vorgang dar, bei dem der (erwachsene) Täufling *ganz* ins Wasser eintauchte. Wenn die Märchen vom Jungbrunnen berichten, meinen sie den gleichen Akt: hinabsteigen in die Tiefe, um seelisch als neuer Mensch wieder emporzusteigen. Die reinigende, erneuernde Kraft des Wassers ist ein Symbol der Seele, die uns einmal und immer wieder *in* diesem Leben eine *Wiedergeburt* beschert.

Durch den Wiedereintritt in die Wasserwelt erlebt das gewohnte, bisherige »Ich« eine Auflösung, es erfährt auf einer sehr ursprünglichen Stufe seine Verbundenheit mit und seine Ähnlichkeit zu *allen* Lebewesen. Damit werden die Grenzen eines jeden individuellen Lebens spürbar, was auch die Gewißheit einschließt, daß der Tod zu diesem Leben dazugehört. Das Glück und die befreiende Wirkung an diesen Erfahrungen liegen nun im Wiederauftauchen: In einer Neugeburt, welche nun ein Bild des eigenen »Ich« besitzt, worin eine allzu starre Fixierung auf das Ego aufgegeben und ein fließender Begriff einer erweiterten Individualität gewonnen wird.

Betrachten Sie es für Ihre aktuellen Fragen als ein Geschenk, daß Ihnen der Kelch und das Wasser hier neu angeboten werden. Es führt Sie zu einem neuen Ausgangspunkt Ihres persönlichen Seelenlebens: zu einem bewußten Umgang mit Ihren Seelenkräften, allem Lebendigen verbunden, im Besitz eines eigenen und besonderen Kelches – frei, Erfüllung und Befriedigung damit zu empfangen und zu schenken.

Wahre Liebe

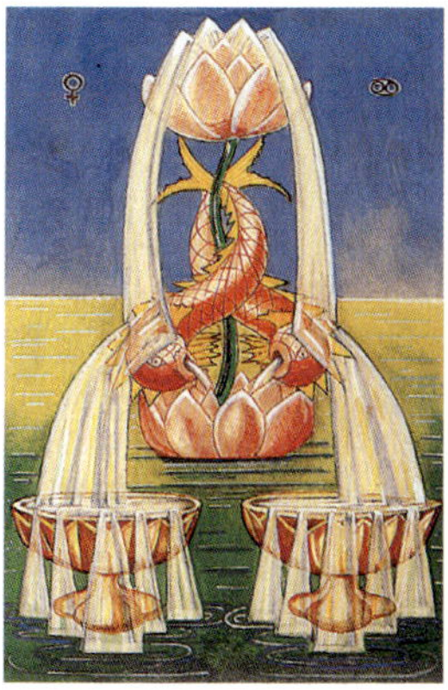

Wie sehen Sie diese Karte? Was mag die Ursache dafür sein, daß wir hier im Bild oft nur Liebe, Flirt und Freundschaft erkennen? Jede/r von uns hat doch schon Becher mit trüben, ätzenden oder sonstwie unangenehmen Inhalten in Händen gehabt?! Vergessen wir unsere seelischen Verletzungen so schnell, daß wir gar keinen Blick mehr dafür haben, wenn sie bildlich vor uns treten? Oder ist es umgekehrt ein Gefühl des Mangels an Liebe, ein Nachholbedarf an überfließenden Gefühlen, eine so starke Sehnsucht danach, daß die Seele sich in die Lüfte emporschwingt, wie der rote Löwe im Waite-Bild – daß wir aus unserem starken Verlangen heraus im Bild nur das wiedersehen, was wir gerne sehen möchten?!

Gerade das, was auf den ersten Blick so angenehm erscheint, nämlich das Teilen und Tauschen, kann Ausdruck einer großen *Unzufriedenheit* sein. Die eine Seite *gibt* ihren Kelch wieder und wieder *preis,* und die andere Seite *nimmt* und *sammelt* immer neue Kelche ein. Der Löwenkopf (Waite) und das, was fließt (Crowley), bezeichnen schlechterdings *auch* eine unselige Verklammerung, welche aus innerem Zwang oder seelischer Not entspringt.

Wahre Liebe setzt voraus und wirkt darauf hin, daß jede/r Beteiligte in der ganz persönlichen, *ungeteilten Wahrheit* sich versteht und erblüht. Die berühmten »zwei Seelen in der Brust« muß jede/r erst einmal für sich unterscheiden und unter einen Hut bekommen. Dann hört die Liebe auf, *Ersatz* für persönliche Ganzheit und Selbstverwirklichung zu sein, und wird zu dem, was sie immer schon war: zur Freude am Dasein und zum Glück, dieses mit anderen teilen zu können. Fangen Sie jetzt damit an.

Berücksichtigte Bedürfnisse

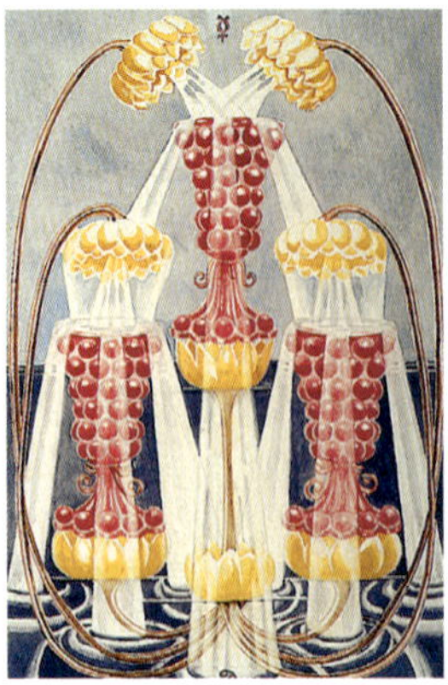

Neutral ausgedrückt, geht es um eine *Vermischung der Gefühle.* Das Crowley-Bild zeigt sie durch die Verquickung der Wasserströme und das Waite-Bild durch die Darstellung der Arme der Bildfiguren, die nicht eindeutig erkennen läßt, wer hier welchen Kelch hält.

Erstens stellt sich darin ein *Wir-Gefühl* dar. Es kann sehr animierend und bestätigend wirken. Doch es besteht die Gefahr, daß nicht mehr klar ist, wo der/die einzelne anfängt und aufhört. Die einzelne Persönlichkeit geht »baden«, sie geht unter. Zweitens zeigen sich hier *gemischte Gefühle.* Das kann einen Realismus in Gefühlsdingen anzeigen. Doch möglicherweise fließt Selters statt Sekt, das heißt die Früchte des Glücks liegen achtlos auf dem Boden oder werden hinter dem Rücken versteckt gehalten (siehe die rechte Bildfigur im Waite-Tarot).

Drittens ist der *Rücken* das entscheidende Stichwort. Wenn wir wirkliche Höhepunkte des Glücks erleben wollen, muß die wechselseitige Anerkennung auch die *Schattenseiten* eines/r jeden/r Beteiligten einschließen. Und der/die Einzelne muß die Chance haben, die Seiten in der Gruppe zurückzuweisen, die für ihn oder sie persönlich unverträglich sind. Wo alle wesentlichen Bedürfnisse *berücksichtigt* werden, da ist das Glück ein ebenso selbstverständlicher wie unerhört bezaubernder Gipfel der Gefühle.

Machen Sie die Gültigkeit Ihrer Gefühle nicht von der Zustimmung anderer abhängig. Akzeptieren Sie die Gefühle anderer, auch wenn Sie sich nicht mit ihnen identifizieren können. Klären Sie andere über Ihre Bedürfnisse auf. Ein richtiges Wort zur richtigen Zeit wirkt Wunder.

Eigen-Sinn

Üppige Gefühle sind eine Gnade, doch sie können eine/n auch ganz schön fertig machen. Fertig – allerdings im doppelten Sinne von erschöpft und reif. Manchmal meinen wir, wir hätten zuviele Gefühle und dies sei die Wurzel, wenn nicht allen Übels, so doch verschiedentlicher Enttäuschung. Beobachten Sie sich einmal: Die psychologische Erfahrung sagt, daß wir in den seltensten Fällen zuviele Gefühle und zuviel Liebe haben; das Problem besteht vielmehr darin zu wissen, *wohin* mit den Gefühlen und Bedürfnissen.

Die Antwort liegt nicht in der Einschränkung oder Schmälerung der Emotionen, auch nicht darin, daß Sie sich stets neue Objekte der Liebe schaffen. Die Antwort heißt, sich selbst und den Sinn des eigenen Seins zu entdecken – die eigene Natur zu entfalten, wie es u. a. der Baum im Waite-Bild zeigt. *»Eine Tugend gibt es, die liebe ich sehr, eine einzige. Sie heißt Eigensinn (...). Alle andern, so sehr beliebten und belobten Tugenden sind Gehorsam gegen Gesetze, welche von Menschen gegeben sind (...). Wer eigensinnig ist, gehorcht einem anderen Gesetz, einem einzigen, unbedingt heiligen, dem Gesetz in sich selbst, dem ›Sinn‹ des ›Eigenen‹«* (Hermann Hesse).

Bauen Sie auf Ihr Gefühl. Probieren Sie es einmal aus, jeden Menschen in seinem »Eigensinn«, in seiner Beschaffenheit zu nehmen, wie er ist. Hören Sie auf, Ihre Gefühle zu zensieren. Schauen Sie stattdessen, was sie für Sie bedeuten. Akzeptieren Sie Ihre Zuneigung oder Ihre Abneigung und machen Sie etwas daraus.

Seelisches Neuland

Die schwarze Gestalt im Waite-Bild läßt uns an Trauer denken. Im Crowley-Tarot ist dies die einzige Kelch-Karte, in der *alle* Kelche leer sind. Sie begegnen den Schattenseiten Ihrer Gefühle. Eine ernstzunehmende Warnung und auf der anderen Seite eine verheißungsvolle Ermunterung. Ein Vorteil besteht darin, daß die Schattenseiten überhaupt sichtbar werden.

Die eine Seite: Wenn die Seele »schwarz« sieht, ist dies ein *Alarmsignal*. Machen Sie sich insoweit nichts vor. Klären Sie, was Ihnen Angst macht, wovon Sie sich enttäuscht oder bedroht fühlen. Ziehen Sie sich zurück oder suchen Sie Hilfe und Begleitung, je nachdem, sorgen Sie auf jeden Fall dafür, daß Sie Ihren Gefühlen freien Lauf lassen können. Trauern Sie um das, was verloren ist, fangen Sie etwas an für das, was noch nachzuholen ist.

Die leeren Kelche im Crowley-Bild bedeuten auch, daß Sie in Ihren Gefühlen einen Strich unter die Vergangenheit ziehen und jetzt *vollkommen offen* sind für einen Neuanfang. Darin liegt auch die positive Bedeutung der schwarzen Bildfigur oder, anders ausgedrückt, der »schwarzen Nacht der Seele«. Die Seele (das Gefühlsleben) wirkt wie ein Spiegel. Auch und gerade das erscheint der Psyche als dunkel, von dem sie noch kein Bild besitzt. *Von allem, was für sie wirklich neu ist, besitzt die Seele zunächst nichts als eine dunkle Ahnung*. Diese (!) Begegnung mit dem Schatten vermittelt ein echtes Glücksgefühl, wie wenn nach langer Reise auf hoher See wieder Land in ersten dunklen Umrissen in Sicht kommt.

Stellen Sie sich auf die Ankunft ein. Freuen Sie sich darauf, seelisches Neuland zu betreten.

Seelische Wandlung

Die kleine Frau, rechts im Waite-Bild, besitzt ein Doppelgesicht. In der einen Sichtweise bietet sie dem Männlein in der Mitte der Karte einen aufschauenden Blick und eine zugewandte Haltung an. In einer zweiten Betrachtungsweise, gerade umgekehrt, wendet sie sich ab und schlägt die Augen nieder.

Beide Blickrichtungen sind notwendig. Zuwendung *und* Abneigung, die Gefühle von Sympathie *und* von Antipathie halten das Seelenleben in Fluß. Die Erfahrung zeigt, daß wir jedoch nur in den seltensten Fällen beide Gesichter der kleinen Frau zugleich sehen. Das hat seinen Grund: Wir haben uns bestimmte seelische Verhaltensmuster angewöhnt und reagieren vorzugsweise mit einem seelischen Entweder – Oder. Das Geheimnis der seelischen Wandlung liegt nun darin, diese seelischen Fixierungen aufzulösen.

Die Wandlung der Seele bedeutet eine Befreiung. Sie bewirkt, daß Sie über neuartige Alternativen für Ihre Gefühle verfügen. Sie lernen viele Pfade der Seele kennen (Crowley-Bild). Sie kommen in die glückliche Lage, seelisch die Weichen neuzustellen (vgl. das X-Kreuz, links neben dem Zwergenmännlein im Waite-Bild). Nutzen Sie die Gunst der Stunde, um alte Ängste abzulegen und tiefe Wünsche zu erfüllen!

Wahres Verlangen

Ein neuer Wendepunkt in Ihrem (seelischen) Werdegang! Ungeahnte, fantastische Welten eröffnen sich Ihnen. Springen Sie über Ihren Schatten, greifen Sie zu.

Und zugleich auch dieses: Sie erfahren sich als Traumtänzer/in und als Opfer schwankender Illusionen. »Wer vom Glück immer nur träumt, muß sehen, daß er es nicht verpaßt.« Beenden Sie Ihr Schattendasein. Das Spiel ist aus, die Vorstellung ist zu Ende. Nehmen Sie selbst wieder Form und Farbe an. Beenden Sie das Versteckspiel.

Ihre Aufgabe besteht jetzt darin, festzustellen, welche Träume und welche Ängste für Sie persönlich von wahrer Bedeutung sind. Wie im Crowley-Bild müssen dafür *überflüssige* Erwartungen, Verheißungen oder Befürchtungen abtropfen, bis im Kelch das zurückbleibt, was dem persönlichen Glück ein harmonisches Maß verleiht.

In einem Fall stellt selbst die größte Herausforderung und die »unrealistischste« Vision gerade die richtige Aufgabe dar, die Sie mit Gespür und Geschick auch bewältigen werden. In einem anderen Falle aber ist selbst die kleinste Verlockung und die aussichtsreichste Verprechung von Übel. »Was fruchtbar ist, allein ist wahr« (Goethe). Gehen Sie den Befürchtungen auf den Grund, und folgen Sie den Hoffnungen, von denen die stärkste Energie ausgeht. An den »Früchten« werden Sie erkennen, was für Sie »stimmt«.

Dem Flusse folgen

Die glücklichen Möglichkeiten der »Acht Kelche« haben nichts mit »Trägheit« zu tun, sondern damit, daß Sie der *tragenden* und treibenden Kraft des Flusses folgen. »Trägheit« ist der deutsche Titel der Crowley-Karte, im englischen Original mit »Indolence« bezeichnet. Indolenz heißt Schmerzlosigkeit und kann eine Empfindungs- und Schmerzlosigkeit im Sinne der Apathie, aber auch eine fakirhafte Schmerzfreiheit bedeuten.

Seltsamerweise sind die Schmerzen, die wir empfinden, eine *relative* Angelegenheit. Wenn sie zu stark werden, schalten wir einen Teil unserer Empfindungen ab; vieles vom Leben geht dann spurlos an uns vorüber, doch die verminderten Schmerzen lassen diesen Preis als gering erscheinen. – Wenn wir aber mit festen Gefühlen einer würdigen Bestimmung und einem bedeutsamen Ziel folgen, dann verlieren umgekehrt bestimmte Schmerzen und Mühen ihre Bedeutung; ihr Stellenwert hat sich verändert, obwohl die Empfindungsfähigkeit nicht geschmälert, sondern noch gesteigert wird.

»Der Glaube versetzt Berge«: Wenn Sie an die falschen Dinge glauben, türmen Sie ein Hindernis nach dem anderen vor Ihren Füßen auf. Kein Wunder, wenn Sie »träge« werden. – Ein geeigneter Glaube bündelt Ihre Energien wie ein »roter Faden« (vgl. die rote Gestalt im Waite-Bild).

Zwingen Sie Ihre Gefühle und Ihr seelisches Verlangen nicht in eine vorgegebene Logik, sondern lassen Sie umgekehrt die Logik Ihrer Seele zur Richtschnur für Ihren Weg werden. Prüfen Sie Ihre Ziele. Finden Sie erneut, was für Sie wesentlich ist.

Seelischer Reichtum

Wie schätzen Sie sich ein: Haben Sie viel oder wenig Fantasie? Gehören Sie zu den Menschen, die »kaum« träumen? Dann gleichen Sie der Bildfigur im Waite-Bild insofern, als diese viele Kelche besitzt, aber im Rücken. Im Schatten! Oder zählen Sie mehr zu den »Vielträumern«? Das Crowley-Bild zeigt Ihnen ein Monument lebhafter Gefühle und Fantasien.

Während die Bildfigur im Waite-Bild möglicherweise gar keinen Kontakt zu den Kelchen *hinter ihrem Rücken* aufnimmt, sind die Kelche im Marseiller und im Crowley-Bild derartig miteinander vernetzt, daß es umgekehrt Schwierigkeiten bereitet, wenn ein Kelch einmal aus der Reihe treten wollte!

Das Verhältnis von Teil und Ganzem ist für Sie eine schwierige Beziehung. »Wenn schon, denn schon«, »alles oder nichts« – kennen Sie das Gefühl oder die Befürchtung, daß, sobald Sie an einer Stelle anpacken, eine ganze Lawine ausgelöst wird? Lassen Sie sich nicht einschüchtern! Und versuchen Sie nicht, alle anderen in den Schatten zu stellen.

Akzeptieren Sie, daß unterschiedliche Wahrheiten nebeneinander Platz haben und daß dies nicht mit Beliebigkeit verwechselt werden darf. Stellen Sie fest, welche Unterstützung Sie für Ihre Bedürfnisse gewinnen und für welche Bedürfnisse von anderen Menschen Sie mehr Verständnis aufbringen können.

Kultivierte Leidenschaften

Ähnlich wie bei der Karte »Neun Kelche«, ist es auch hier für Ihre aktuellen Fragen besonders wichtig, im Gefühls- und Seelenleben die notwendigen Unterscheidungen vorzunehmen. Die bloße Verschmelzung von Feuer und Wasser, weiblicher und männlicher Energien usw. (Waite-Bild) bedeutet einige Gefahren, vor allem der inneren Abhängigkeit und äußeren Abschirmung.

Eine solche *Abschirmung* stellen die zehn Kelche im Regenbogen dar. Sie wirken, in diesem negativen Falle, wie eine Art Käseglocke, eine Glaswand oder ein Magnetschirm und sind nur mühsam zu durchbrechen. Dem entspricht im Crowley-Bild das »Gefühlskorsett«, welches der Lebensbaum in einer möglichen Bedeutung verkörpert. Kurz, Sie begegnen hier der Gefahr, aus Angst vor »zuviel« Gefühl sich hinter steifen Ritualen oder hermetischen Glaubensvorstellungen zu verschanzen.

Die Aufgabe ist nicht einfach, doch sie ist lösbar: Die großen Emotionen zu befriedigender Erfüllung zu führen, das ist eine »Kulturarbeit«, eine Komposition, ein Gesamtkunstwerk, in dem Sie selbst *mittendrin* stehen.

Für Ihre aktuelle Situation gilt: Haben Sie Mut zum Gefühl! Ihre Selbsterfahrung und Ihre Menschenkenntnis werden auf eine Probe gestellt. Je mehr Sie den persönlichen Erwartungshorizont (für sich und von anderen) abklären können, um so mehr steht Ihnen der »Himmel« weit offen. Lassen Sie sich von anderen nicht überrollen, und beherzigen Sie, daß andere in ihrer Eigenständigkeit ebenso beachtet werden wollen.

Schwerter

Die Waffen des Geistes

Die Schwerter vertreten das Element Luft. Schlüsselbegriff ist der *Geist.* Seit alten Zeiten ist das Schwert ein Inbegriff der Urteilskraft, der Fähigkeiten, ein Urteil zu bilden und zu vollstrecken.

Mit dem Schwert können Sie etwas durchdringen, trennen und unterscheiden. So daß Sie in die Lage kommen, etwas zu entscheiden sowie Erkenntnisse zu sammeln und auf einen Begriff zu bringen. Kurz, die Schwerter im Tarot symbolisieren die »Waffen des Geistes«. Und diese Bedeutung trifft selbst dann noch zu, wenn die spontane Assoziation bei einem Schwert zuerst an ein Kriegswerkzeug denkt. Denn auch die Kriege sind eine Erfindung des menschlichen Geistes, in Art und Ausmaß ohne sonstiges Beispiel in der Natur. Allerdings dürfen Sie, wenn Sie das Schwert als Zeichen von Kampf und Krieg deuten, traditionelle Schwerter-Attribute, wie Ritterlichkeit, Mündigkeit, Freiheit, auch nicht vergessen.

Wenn Sie eine Schwerter-Karte ziehen, geht es jeweils darum, daß Sie für Klarheit und Aufklärung sorgen, für frischen Wind, gute Luft und langen Atem.

Assoziationen zu den Schwertern: »Schwerter zu Pflugscharen«, Rüstung, Verteidigungs- und Angriffsbereitschaft. Schärfe und Zuspitzung. Begriffe und Konsequenzen. Menschliche Atmosphäre. Die Sterne.

»Es gibt mehr Dinge zwischen Himmel und Erde, als die Schulweisheit sich erträumen mag« (W. Shakespeare). *Zwischen* Himmel und Erde aber ist die – Luft.

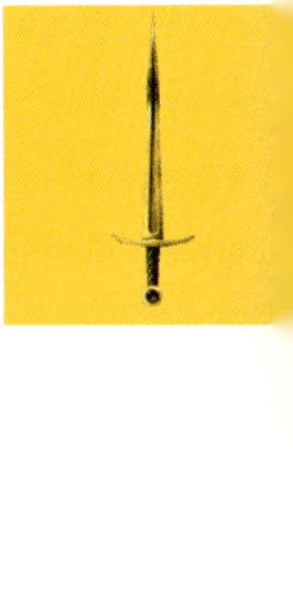

Das zweite Gesicht

Sie besitzen und benötigen weitreichende Perspektiven, klare Urteile und einen guten Überblick. Den klaren Kopf und Ihre Entscheidungsfreiheit brauchen Sie als Steuerungsinstrument für Ihre großen Energien und Ideen.

Im Unterschied zu den anderen Hofkarten der Schwerter schiebt sich hier eine besonders dicke Wolkendecke zwischen Himmel und Erde. Was auf der einen Seite für Sie eine Loslösung aus den Widrigkeiten und Kleinlichkeiten des Alltags bedeutet, stellt auf der anderen Seite eine gewisse Abgehobenheit dar. Die kann sich je nachdem als besondere Strenge oder Coolness äußern oder auch als eine spezielle Begabung der Fantasie und der Imagination. Dank Ihrer reichen Vorstellungskraft sehen Sie Dinge vor Ihrem (geistigen) Auge, die anderen möglicherweise unbekannt sind. Das bedeutet, daß Sie mit einer geistigen Schau des Lebens vertraut sind. Sie sind ein Pionier im Reich des Geistes und erleben hellsichtige Momente von einer geradezu traumhaften Klarheit, müssen sich zugleich aber auch davor schützen, daß Sie Opfer falscher Vorstellungen und bodenloser Vermutungen werden.

Offenbaren Sie Ihr Gesicht. Im Waite-Bild ist es die linke Gesichtshälfte, die Seite des Unbewußten, die zunächst unbekannt ist. Im Crowley-Bild zeigt sich die Aufgabe, die Maske abzunehmen, das wahre Gesicht zu entdecken, zu zeigen und sich nicht von einem aufgepfropften Über-Ich lenken zu lassen. Sie sind im besonderen Maße dazu befähigt, aber auch darauf angewiesen, Ihre *wirklichen Bedürfnisse* zu ermitteln und diese ohne Halbheit und ohne Arroganz zu vertreten.

»Drahtzieher«

Für Sie zählen nicht nur Überblick und Weitblick, vielmehr auch eine tüchtige Portion Überlegenheit und (geistige) Kontrolle. Während Sie eine bewundernswerte Souveränität erwerben oder kultivieren, laufen Sie auf der anderen Seite Gefahr, wie ein »Drahtzieher« oder wie eine Marionettenspielerin Menschen und Ereignisse »an der Leine« laufen zu lassen, auf daß diese sich Ihrer Kontrolle bzw. der von Ihnen erdachten Ordnung nicht entziehen. Sie besitzen die Gabe, Ihre Ideen und Ihr Wissen in effektiver Weise anderen mitzuteilen und auf andere zu übertragen. Doch die Grenze zur »Fernsteuerung«, zur unmerklichen Manipulation der anderen ist dabei oft nicht weit.

Das größte Risiko besteht indes darin, daß Sie sich selbst manipulieren und Ihre wahren Absichten verkennen. Das Schwert nach rechts gerichtet, symbolisiert beim König oder Prinz der Schwerter eine *Neigung zum Bewußten.* Solange Sie in diesem Sinne das Unbewußte nicht richtig beachten (etwa nach dem Motto »Was ich nicht weiß, macht mich nicht heiß«), verpassen Sie Ihre größeren Möglichkeiten.

Mit Ihren geistigen Aktivitäten und Ihren gespannten Nerven verraten Sie indirekt, daß Sie ein besonders leidenschaftlicher Mensch sind. Ob ausgesprochen oder nicht, in Ihnen stecken große Visionen und Passionen. Zugleich sind Sie in besonderem Maße in der Lage, Ihr Leben danach zu organisieren, was Sie für richtig erkannt haben. Es kommt daher ganz darauf an, daß Sie die »Waffen des Geistes« nutzen, um Ihren Leidenschaften eine bewußte und gedeihliche Chance zu geben.

Rasende Gedanken

Sie lassen sich in keine Schublade packen. Orts-, Personen- und Perspektivenwechsel gelingen Ihnen in »atemberaubendem« Tempo. *Der Ritter der Schwerter* bewegt sich zur linken Bildseite hin, in die Richtung des Unbewußten. Fragen Sie sich, was das für Sie bedeutet:

Ist das Denken selber unbewußt, dann sind Sie ein Vertreter oder eine Vertreterin des sogenannten »wilden Denkens«. Wenn das Denken dem Chaos des Unbewußten folgt, ist es zwar schneller, vielfältiger und beweglicher als das Denken in einer begrenzten Logik, aber Sie laufen Gefahr, zum »Geisterfahrer« zu werden. – Oder Sie machen mit Vorliebe Jagd auf alles Unbewußte, führen heimlich oder offen einen Krieg gegen »Es«. Dann versuchen Sie, »alles in den Griff« zu bekommen, und kämpfen gegen die »Schwäche der Natur« bei sich selbst oder gegen die »Dummheit« der anderen. – So oder so bleiben Sie anfällig dafür, daß Sie von anderen Menschen oder Ihren eigenen unbewußten Impulsen dirigiert werden. Sobald Sie etwas aufregt, werden Ihre Gedanken mit Macht dadurch beeinflußt, wie eine Elektrospule, die an einen starken Magneten gerät.

Ihr Glück und Ihr Wohlbefinden stehen und fallen darum im besonderen Maße damit, daß Sie sich bewußt mit dem Unbewußten auseinandersetzen, Schattenseiten durchdringen und aufheben, so daß sich eine Freundschaft zwischen Roß und Reiter, zwischen Ihrem Bewußtsein und Ihrer gesamten Existenz entwickelt. »Ohne Politik der Ekstase keine Politik der Erkenntnis« (Wolfgang Neuss). Darum geht es, alles andere wäre für Sie »kalter Kaffee«.

Leichtigkeit des Geistes

Eine Flamme im Feuer, ein Körper im Wasser oder ein Objekt in der Luft bekommt *Auftrieb,* wenn ihm »Luft« zugeführt wird. Ebenso fallen Ihnen Ihre Entscheidungen leichter, und Ihr Dasein bekommt Aufwind, wenn Sie Ihren Geist bewegen und sich durch jenen *einen* Geist, der in *allem* steckt, bewegen lassen.

Im Crowley-Bild künden die Zickzack-Linien in der Luft von der Leichtigkeit und der Beweglichkeit des Geistes. Sie signalisieren ein unkonventionelles, freies und abenteuerliches Denken, das sich jedoch möglicherweise in Windmühlenkämpfe verliert. Derselbe Inhalt wird im Waite-Bild durch die vielen Vögel angezeigt. Diese stellen eine Vielseitigkeit oder aber eine »Verzettelung« des Denkens dar. Das kann ein kreatives Ereignis sein, so daß der Page bzw. die Prinzessin der Schwerter für ein *Brainstorming,* für den stürmischen Austausch vielfältigster, auch sprunghafter Ideen und Assoziationen stehen.

Hüten Sie sich vor einem oberflächlichen Engagement und vor unverbindlichen Bemühungen. Brechen Sie keinen nutzlosen Streit vom Zaun, und lassen Sie sich nicht in eine Protesthaltung zwingen oder in einen sinnlosen Konflikt verwickeln. Bewahren Sie sich Ihre Leichtigkeit, Ihren Witz und Ihre Frische. Vielleicht spüren Sie, daß der Teil, den ein Mensch begreifen kann, kleiner ist als das, was *ist.* Aber ob Sie *Ihren Teil* begreifen und nutzen, auf daß für Sie und Ihre Mitmenschen das Leben leichter, bewußter und unterhaltsamer wird – das macht in jeder Beziehung einen großen Unterschied aus.

Krönung des Geistes

Ihr Geist entfaltet sich zu voller Kraft, wenn er sich konsequent aus allen Bedingtheiten des Denkens löst und zum Absoluten, zum Unbedingten vorstößt. Damit unterliegt er regelmäßig aber auch der Gefahr, sich von seinen eigenen Wurzeln, von der Natur, aus der er ursprünglich stammt, zu entfernen und zu entfremden. Erst wenn sich die Unbedingtheit des Denkens mit der Bedingtheit, den Notwendigkeiten Ihres persönlichen Daseins verbindet, tragen Ihre geistigen Fähigkeiten Früchte.

Als Quintessenz und nicht als Plünderung der Natur stellt der menschliche Geist die Krone der Schöpfung dar. Doch die Krönung des Geistes ist das menschliche *Bewußtsein*. Bewußtsein heißt *bewußtes Sein*. In den Bildern steht die Krone als in sich geschlossener Kreis für die *Einheit* des Bewußtseins. Die Einheit des Bewußtseins hebt in sich die *Zweischneidigkeit* des Schwertes auf.

Für Ihre aktuellen Fragen bedeutet die Karte, daß Sie Ihr Bewußtsein schärfen und erheben sollen, um Widersprüche zuzuspitzen und auf einen Nenner zu bringen. Achten Sie und fördern Sie die Einheit, die innere Übereinstimmung Ihres Denkens und Handelns. Befreien Sie sich von Zweifeln und Zweideutigkeiten.

Verstehen Sie es als ein Geschenk des Lebens, daß Ihnen hier Schwert, Luft und Geist neu angeboten werden. Nehmen Sie es an, nutzen Sie es, um neue Lösungen und neue Entscheidungen zu finden – für ein lebenswertes Leben auf einer menschlichen Erde und in Ihrer persönlichen Welt.

Kraft der Erinnerung

Wo der Augenschein endet, beginnt die Welt der Vorstellungen. »Fantasie an die Macht!« Achten Sie auf Ihre Träume, Stimmungen und Ahnungen. Strecken Sie Ihre Fühler auch in Bereiche aus, die Ihnen fremd sind!

Der Mond und das Wasser der Seele stellen im Waite-Bild die Rückseite, den Hintergrund der geistigen Auseinandersetzung dar. Die Bildfigur befindet sich an einer Nahtstelle von Bewußtem und Unbewußtem. Dieselbe Balance von Geist und Seele beinhaltet auch das Crowley-Bild. Die weiße Blume stellt die Mitte der Person dar; die Schwerter verbinden linke und rechte Körperhälfte, rechte und linke Gehirnhälfte, mithin wiederum unsere emotionale und unsere rationale Seite.

Sie dürfen nicht nur »Frieden« erwarten, wie es der Titel der Crowley-Karte verkündet. Bestimmte Gefühle und Bedürfnisse warten jetzt auf eine Klärung und rufen nach einer Entscheidung. Nirgendwo steht geschrieben, daß diese Auseinandersetzungen immer friedlich verlaufen müssen. Nervosität, Angst, Kopf- und Bauchschmerzen gehen oft mit vagen Vorstellungen einher. Atmen Sie tief in den Bauch hinein, das erleichtert die Auseinandersetzung.

Verschanzen Sie sich nicht in Ungewißheit. Flüchten Sie nicht in Unverständnis. *Deuten* Sie Ihre Fantasien und Träume! Was fällt Ihnen daran auf? *Wie* sehen Sie sie? Welche Botschaft erkennen Sie darin? Was werden Sie damit unternehmen?

Schnittstelle

Es ist ein Vorurteil, daß die »Schwerter« nur oder vor allem Kummer brächten. Das Bild aus dem Waite-Tarot zeigt, neutral betrachtet, eine »Schnittstelle«, ein Interface: Das Herz und die Waffen des Geistes berühren und durchdringen sich hier. Zwei verschiedene Systeme – Bewußtes und Unbewußtes, Geist und Gemüt, Erkenntnis und Betroffenheit – werden durch diese Schnittstelle miteinander verkoppelt und vernetzt. Die Schraffuren im Waite-Bild bedeuten entweder *Regen.* Oder die Schraffuren stellen einen *Spiegel* dar. Das Crowley-Bild zeigt u. a. Sinneseindrücke und ihre Verbindung durch verschiedene Nervenbahnen, die Existenz des blinden Flecks und seine Aufhebung durch das Bewußtsein.

Wenn Sie diese Karte ziehen, können Sie aufhören, sich oder anderen etwas vorzumachen. Eine besondere Chance, das zu ermitteln, zu benennen und auszudrücken, was Ihnen am Herzen und im Blute liegt. Äußern Sie Ihre Betroffenheit!

Machen Sie aus Ihrem Herzen keine Mördergrube und keine Liebesfalle. Sorgen und Schmerz, Wut, Rache und Neid, aber auch Liebe, Sehnsucht und Bangen können und müssen Sie jetzt auf den Punkt bringen. Durchleuchten Sie Ihre Emotionen mit kritischem Geist und liebevollem Verständnis. Spüren Sie die enorme Erleichterung, die es bedeutet, wenn Ihr Herz wieder frei wird für seine eigentliche Funktion – als Schnittstelle der Verständigung und des Verständnisses. »Man sieht nur mit dem Herzen gut« (Antoine de Saint-Exupéry).

Ruhiges Gewissen

Der menschliche Geist ruht nie. Wie die Atmung ist er dauernd in Betrieb. Selbst im Schlaf überschüttet er uns mit Kaskaden innerer Bilder, die uns teilweise als Träume bewußt bleiben. Nur wenn er lebendig und ungestört ist, findet unser Geist seine Ruhe. Auch das ist mit der Atmung zu vergleichen, die dann keinen Grund zur Beunruhigung gibt, wenn sie ungestört arbeitet.

Brauchen Sie zur Zeit Ruhe, Urlaub, oder müssen Sie vielleicht eine Zwangspause einlegen? Wenn ja, dann sagt Ihnen diese Karte, der Zweck dieser Ruhe besteht darin, Ihren geistigen Apparat zu aktivieren und voll funktionsfähig zu machen. In vielen Fällen betrifft die Karte jedoch keine äußere, sondern die geistige Ruhe. Diese ist gleichbedeutend mit persönlicher Zufriedenheit und einem guten Gewissen. Die linke Figur im Fensterbild im Waite-Tarot trägt in ihrem Heiligenschein die Buchstaben PAX, das heißt Frieden. Um diesen beizubehalten oder wiederherzustellen, müssen Sie sich in einer bestimmten Beziehung vielleicht sogar weniger schonen und, statt sich vornehm zurückzuhalten, einen Dornröschenschlaf beenden.

Das Fensterbild des Waite-Tarot und der facettenreiche Blütenkranz im Crowley-Tarot machen es deutlich: Nutzen Sie Ihre geistige Energie, klären Sie Ihre Gedanken und Erfahrungen, bis sich viele Steinchen zu einem Mosaik zusammensetzen, bis das Puzzle gelöst ist!

Die Angst aufheben

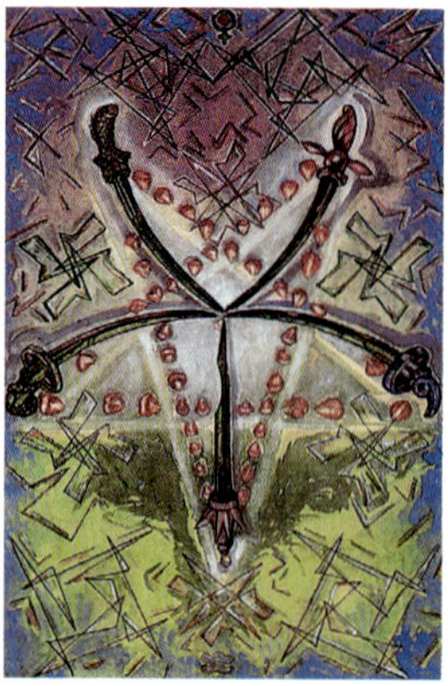

Keine Angst: Es ist nicht mehr und nicht weniger als eine konventionelle Sichtweise, daß diese Karte einen hämischen Triumpf und/oder eine Niederlage darstelle. Das ist nur *ein* Inhalt, als *alleinige* Deutung der Karte jedoch irreführend. Das Crowley-Bild zum Beispiel sagt selber mehr aus, als der aufgedruckte Untertitel »Niederlage« erfaßt: Die fünf Schwerter sind verbogen und angeschlagen. Aber auch: Sie sind gebraucht, mit ihnen hat man Erfahrung gesammelt. Blutstropfen verbinden die Schwerter; sie zeugen von Verletzung und Leid. Aber auch: Hier werden mit Herzblut die Waffen des Geistes geführt. – Die Blutstropfen bilden ein Pentagramm (Fünfstern) mit der Spitze nach unten; also: Negative, abwärtsgerichtete Energie. Aber auch: Rückbindung des Geistes an die Materie; die Aufgabe, das Bewußtsein zu erden und fruchtbar zu machen. – Die Schwerter richten sich gegeneinander. Aber auch: Sie treffen sich in der gemeinsamen Mitte.

Das Waite-Bild bedeutet auch dieses: Die Zeiten, in denen Sie sich klein und winzig fühlten, liegen zurück. *Rückblickend* können Sie Schwierigkeiten, Ängste und Schwächen verstehen und verzeihen, und je nach Notwendigkeit annehmen oder verabschieden.

»Wissen ohne Gewissen ist Halbwissen.« Kümmern Sie sich um Sorgen und Ängste. Begreifen Sie, was Sie wissen, und verstehen Sie, was Sie nicht wissen. Dann finden Sie jetzt zu Ihrer Quintessenz (dargestellt durch die Zahl 5 bzw. im Crowley-Bild durch das Pentagramm). Die Quintessenz des Wissens aber ist ein *geeignetes Bewußtsein,* eine persönliche Klarheit, die Sie bereichert und erleichtert.

Übersetzungsarbeiten

Vordergründig betrachtet stellt das Waite-Bild einen Umzug oder eine äußere Veränderung dar. Es zeigt uns jedoch auch die Kraft und die Aufgabe des Geistes, verschiedene Welten miteinander zu verbinden. Dem Übersetzen vom einen zum anderen Ufer entspricht das Übersetzen von der einen in die andere Sprache. Diese gleichzeitige Unterscheidung und Verbindung verschiedener Welten illustriert auch das Crowley-Bild. Das eigene Bewußtsein kann sich auf komplexe und vielfältige Weise ausdrücken, Eindrücke aus den unterschiedlichsten Richtungen aufnehmen und auf einen Nenner bringen.

Ein Bewußtsein, das etwas taugt, trägt uns wie das Boot im Waite-Bild. Von der Klarheit und der Durchlässigkeit Ihrer Gedanken hängt es ab, ob Sie in Ihrer aktuellen Situation gut vorankommen. Untaugliche Gedankenvorstellungen können den Blick verbauen. Sie sind wie alter Ballast, den man in jede neue Situation mitschleppt. Taugliche Gedanken weisen den Weg wie Kompaßnadeln, sie schärfen den Blick.

Taugliche Gedanken gehen davon aus, was Sie und/oder andere auf dem Herzen haben, und sie finden auch dahin wieder zurück; dafür steht das Rosenkreuz im Crowley-Bild. Taugliche Gedanken stützen sich auf die wirklichen Gründe einer Angelegenheit; so, wie der Fährmann im Waite-Bild nur voran kommt, wenn sein Staken, die schwarze Stange, Kontakt zum Grund hat. – Seien Sie also *gründlich* in Ihren Auseinandersetzungen. Nutzen Sie Ihre geistige Beweglichkeit, um herauszufinden, welche Bedürfnisse Sie und andere tatsächlich bewegen. Bringen Sie Ihre Bedürfnisse anderen ordentlich »rüber«!

Lösungsweg

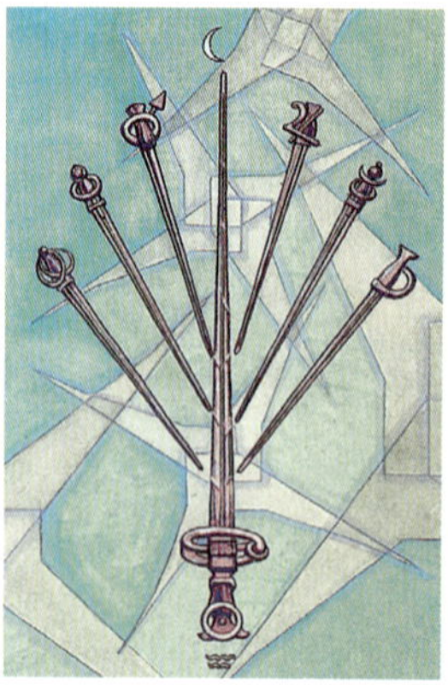

Wer seine Lage erkannt hat, wie soll der aufzuhalten sein ...?« Wenn Sie wissen, was Sie wissen und was nicht, dann verstehen Sie auch, wo Sie herkommen und wo Sie hinwollen. Ihre aktuelle Situation ist in vielerlei Hinsicht widersprüchlich, ja, rätselhaft. Doch die Abgrenzung von dem, was Sie nicht wollen, und die Bereitschaft, sich auf eine noch unbekannte Zukunft einzulassen, verhelfen Ihnen zu den gesuchten Lösungen in der Gegenwart.

List, Intrige, Vergeblichkeit und andere unerquickliche Bedeutungen gewinnt diese Karte immer dann, wenn man sich und/oder andere nicht verstehen will. Die eigenen Lösungen zu finden, ist ein langer Weg. Viele Eindrücke und Einflüsse laufen ihm zuwider. Die gegenläufigen Tendenzen drückt das Crowley-Bild durch die Anordnung der sechs kleinen Schwerter gegenüber dem einen großen aus. Im Waite-Tarot verkörpert die Bildfigur *in sich* den lebenden Widerspruch. Es geht also darum, Gegenargumente und fremde Urteile aufzunehmen und zu verarbeiten. Ein bewegliches Bewußtsein und ein langer Atem liefern Ihnen jetzt die optimale Unterstützung.

Überprüfen Sie Ihr Selbstverständnis! Jedes Argument, das Sie berücksichtigen, auch und gerade wenn es gegen Sie gerichtet ist, stärkt im Ergebnis Ihre Position. Es macht Ihren Weg klarer, und Ihr Selbstverständnis entwickelt sich von einem schmalen Pflänzchen zu einem ausgewachsenen Baum; einen solchen stellen, zusammengenommen, die sieben Schwerter des Crowley-Bildes ebenfalls dar.

Konsequenzen ziehen

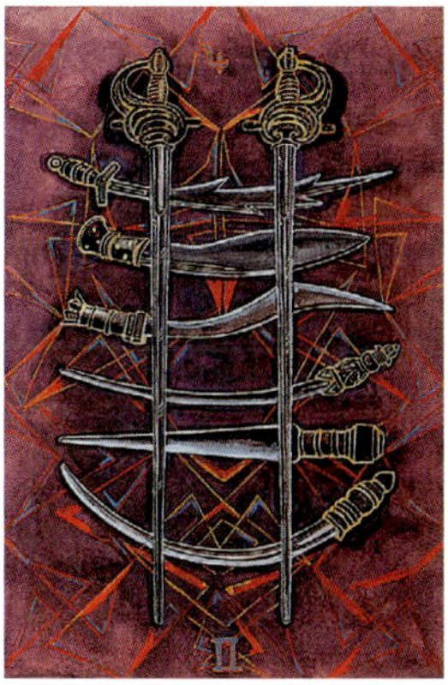

Es gibt Gedanken, die du nicht begreifen kannst, ohne dein Leben zu verändern« (Werner Sprenger). Konsequenzen können hier nach verschiedenen Seiten fällig werden. So besteht zum einen die Möglichkeit, daß Sie sich zur Zeit eingezwängt fühlen, des öfteren anecken oder daß Ihnen die bisherigen Verhältnisse als zu eng erscheinen. Unnütze Kleinigkeiten halten Sie unnötig auf, und es besteht tatsächlich die Gefahr, daß Sie Ihre Chance verpassen. Wenn dem so ist, dann ist es an der Zeit, sich zu befreien, sich zu emanzipieren und mehr zu riskieren! Die Bilder sagen Ihnen insoweit: Es sind die Kleinlichkeiten, die Ihnen im Weg liegen (Crowley-Bild). Wenn Sie *wissen,* daß Sie gefesselt sind *und* daß Ihnen die Schwerter zur Verfügung stehen, dann fällt es Ihnen leicht, unangemessene Hemmungen oder Abhängigkeiten aufzutrennen. Treten Sie vorsichtig an die Schwerter heran, und schneiden Sie die Fesseln auf.

Zum anderen müssen es nicht Schwierigkeiten sein, die Sie veranlassen, Konsequenzen aus Ihren Gedanken zu ziehen. Gerade weil Sie Erfolg haben, weil die persönlichen Linien klar sind, wird jetzt eine neue Stufe erreicht, die nach neuen Gedanken und Einsichten ruft. »Es gibt Veränderungen im Leben, die uns nur gelingen, wenn wir unsere Gedanken begreifen.« Somit kann hier eine Phase der Einkehr für Sie angezeigt sein, eine Zeit der sorgsamen Beachtung auch der kleinsten Widersprüche und der größten Zusammenhänge. So oder so ist hier Ihre *Verbindlichkeit* gefragt. Wenn Ihr Denken und Ihr Handeln sich vernetzen und wechselseitig binden, werden Sie bemerkenswerte Fortschritte machen.

Das Undenkbare begreifen

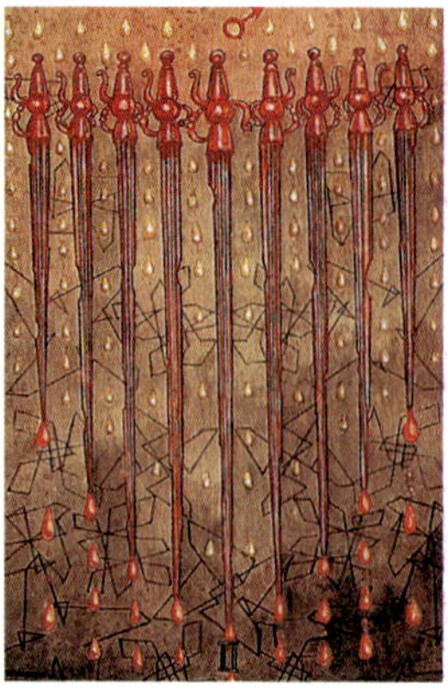

Diese Karte wird oft als Station der Verzweiflung, der Alpträume usw. gedeutet. Das ist verständlich, weil dies *ein* Inhalt des Waite-Bildes ist. Auch die Schwerter im Crowley-Bild, von denen *Blut* tropft, rufen möglicherweise Vorstellungen von Horror wach. »Grausamkeit« ist der Titel auf der Crowley-Karte. Wie immer, so gibt auch hier der aufgedruckte Titel nur einen winzigen Aspekt der betreffenden Karte wieder.

Was die Verbindung von Schwertern und Blut im Crowley-Bild angeht, so läßt sich diese mit dem ähnlichen Motiv in der Karte »Schwerter drei« aus dem Waite-Tarot vergleichen. Wenn die Gedanken – auf der breiten Front der neun Schwerter – zu dem vordringen, was uns im Blute und wirklich am Herzen liegt, dann besteht zwar die Gefahr eines »Kurzschlusses« zwischen Herz und Verstand; und aus solchen Kurzschlußhandlungen heraus ist der zitierte Untertitel auch zu rechtfertigen. Andererseits kann die recht unmittelbare Verbindung zwischen Außenleben und Innenwelt, zwischen Herz und Verstand, ein enormes Glück und eine große Klarstellung bedeuten. Kopf und Herz sind nicht länger getrennte Bereiche. *Sie begreifen endlich, was Ihre Gedanken wirklich für Sie bedeuten.* Und was Sie innerlich bewegt, findet hier klare, bewußte und vielfältige Ausdrucksformen. Herzlichen Glückwunsch!

Im Waite-Bild derselbe Vorgang: Sie begreifen die Konsequenzen und die Bedeutungen Ihrer Gedanken. Es kommt Licht in die Finsternis, und Sie begreifen vieles, was Ihnen vorher unerklärlich war. Das ist wieder ein Anlaß zu großer Freude. Gewöhnen Sie sich langsam an den neuen geistigen Horizont.

Früchte des Geistes

Zum Untergang verurteilt sind hier untaugliche Gedanken und fruchtlose Auseinandersetzungen. Die Schwerter im Crowley-Bild sind teilweise angeschlagen, dem einen oder anderen ist die Spitze abgebrochen. Das bedeutet aber auch, die Schwerter sind gebraucht und benutzt worden. Sie haben ihren Dienst erfüllt. Die Schwertknäufe markieren im selben Bild die zehn Stationen oder Sephiroth des kabbalistischen Lebensbaumes. Mithin ein Symbol der Ganzheit, der Vollendung des Denkens. Sie können jetzt die Früchte des Geistes ernten. Worin bestehen diese Früchte?

Erstens: Wenn Sie wissen wollen, ob Ihre Gedanken und Theorien für Sie stimmen, dann müssen Sie ihnen auch erlauben, Sie festzunageln. Erst wenn diese in Fleisch oder Blut übergehen und gleichsam in Ihrer gesamten Existenz verankert sind, dann geht die Saat des Geistes auf. – Zweitens: Als Fülle des Geistes präsentiert uns das Tarot keinen weisen Mann und keine weise Frau. Als Blüte der Erkenntnis erweist sich vielmehr eine Situation, in der *jede Identifikation mit einem Vorbild* ihr Ende erreicht. Im positiven Sinne machen die Schwerter hier den Weg dafür frei, daß Sie ungehindert von vorgefaßten Urteilen, zugleich sehr bewußt und konsequent sich dem Leben öffnen können: »Was es ist:/Es ist Unsinn/ sagt die Vernunft/Es ist was es ist/sagt die Liebe/Es ist Unglück/sagt die Berechnung/ Es ist nichts als Schmerz/sagt die Angst/Es ist aussichtslos/sagt die Einsicht/Es ist was es ist/sagt die Liebe/Es ist lächerlich/ sagt der Stolz/Es ist leichtsinnig/sagt die Vorsicht/ Es ist unmöglich/sagt die Erfahrung/Es ist was es ist/sagt die Liebe« (Erich Fried).

Münzen / Scheiben

Werte · Talente

Die Münzen, auch Pentakel oder Scheiben genannt, vertreten das Element Erde. Schlüsselbegriff ist der *Körper.* Damit ist der menschliche Körper ebenso gemeint wie alles körperhaft Stoffliche. Wenn Sie eine Münzen/Scheiben-Karte ziehen, dann geht es um *praktische Ergebnisse,* die Sie vorfinden, verändern oder selbst produzieren.

Dabei ist der Begriff »Talent« von großer Bedeutung. Das Talent war zu biblischen Zeiten ein Geldstück. Eine materiell-finanzielle Bedeutung, wie wir sie beim Wort »Münze« zuerst vermuten, steckt also auch in den »Talenten«. Zugleich stellen die Münzen oder Scheiben unsere *Prägungen* dar. Wir erkennen, wie wir durch die verschiedenen Lebensumstände geprägt wurden und werden. Auf der anderen Seite der Medaille zeigen die Münzen oder Scheiben die Prägungen, die wir selbst bewirken und mit denen wir uns und unsere Umwelt gestalten. Damit werden die Münzen zum Spiegel unserer Handicaps, unserer Aufgaben und unserer Begabungen. Auch diese tiefere Bedeutung der Münzen/ Scheiben wird durch das Wort »Talent« erfaßt.

Bei der Herausgabe seiner Karten hat A. Crowley die Münzen in »Scheiben« umbenannt, weil er »ein sich drehendes, wirbelndes Bild« darstellen wollte. Derselbe Gedanke, daß die Münzen keine tote Materie, sondern eine lebendige Sache verkörpern, ist allerdings auch in den Münz-Karten aus den anderen Tarot-Sorten enthalten. Das Pentagramm in den Münzen im Waite-Tarot bringt unter anderem die lebendigen Energien, die jedem Sachverhalt innewohnen, zum Ausdruck. Ja, auch in den traditionellen Münzen aus dem Marseiller Tarot ist in den Farben von Gold und Schwarz das bewegte Wechselspiel von Licht und Schatten erkennbar.

Assoziationen zu den Münzen/Scheiben: Gesicht und Gewicht der Erde. Wechselwirkung und ständige Rückkopplung zwischen dem, was wir schaffen, und dem, was uns schafft. Wer und was wir selber sind, erfahren wir, wenn wir Spuren lesen, die sich wandelnde Bedeutung unserer Talente auffinden, das berühmte »Gold auf der Straße«, das zunächst aussieht wie eine unscheinbare Münze.

Blick für das Wesentliche

Die »Königin der Münzen« bezeichnet eine Kraft in Ihnen, die Sie zu Gipfelerlebnissen trägt! Im Waite- und im Crowley-Bild taucht der Steinbock als eines ihrer Wahrzeichen auf. Die Heimat des Steinbocks, die Höhe der Berge, ist der symbolische Ort, wo Himmel und Erde einander berühren. Die Nahtstelle von Geist und Materie, Mensch und Kosmos sowie von harter Realität und luftiger Freiheit ist damit als *Ihr* Reich beschrieben. Die blauen Berge (Waite-Tarot) sowie Wüste und Oase (Crowley-Tarot) stehen stellvertretend für Ihre Kunst, die Härten des Daseins sowohl anzunehmen wie auch aufzuheben.

Schützen Sie sich vor Überheblichkeits- und vor Minderwertigkeitsgefühlen. Machen Sie nicht »den Bock zum Gärtner«. Kultivieren Sie vielmehr das, worauf Sie »Bock« haben! Kokettieren Sie nicht mit persönlichen Besonderheiten. Jeder Mensch stellt in gewisser Weise ein Naturereignis dar. Die Liebe zu dem, was in Ihnen und Ihren Mitmenschen lebendig ist, und die Zuneigung zu den gegebenen Realitäten im ganzen Umfange geben Ihnen immer wieder neu die Antwort auf die Frage, was im Moment das Wesentliche ist. Wenn Sie sich daran halten, sind Sie ganz »auf der Höhe« Ihrer Möglichkeiten. Kennen Sie einen dauerhafteren Gipfel des Glücks?

Sinn und Genuß

Arbeiten, um Geld zu verdienen, und Geld ausgeben, um zu genießen – das ist zweimal eine halbe Sache, gemessen an der Symbolik des »König der Münzen« bzw. »Prinz der Scheiben«, die für die *Einheit* von Arbeit und Genuß, von Sinn und Sinnen steht.

Die Trauben (Waite- und Crowley-Tarot) bringen Wein und Weinberg ins Bild. Der Wein ist sprichwörtlich für die Süße des Lebens, für den Genuß des Daseins in der Erhebung von Sinn und Sinnen. Zugleich aber hat er den Weinberg zum Hintergrund, Symbol der harten, anstrengenden Arbeit, die dazu erforderlich ist, die Erde umzugestalten und ihre Früchte zu ernten.

Die Stiere in den Bildern bringen auch den astrologischen Stier ins Spiel, dessen Hauptmonat der Mai ist. »Alles neu macht der Mai«, die Verheißung klingt verlockend, doch nur der Stier in uns weiß, welch lastende Verpflichtung in diesen Worten enthalten sein kann: alles (!) neu – was für eine Aufgabe!

Die Bilder zeigen, wieviel harte Arbeit dazu vonnöten ist, welch schwere Steine zu bewegen und aufzurichten sind, um Ihre Lebenswelt nach eigener Notwendigkeit und im eigenen Sinne zu gestalten. Doch indem Sie *Ihr* Werk vollbringen, genießt keine/r so ruhig und (aus-)gelassen das Leben wie Sie!

Spreu und Weizen

Wer viel macht, macht auch viel Mist ...« Münze und Scheibe symbolisieren Ihre Mitgift, Ihren Besitz, Ihre materiellen Möglichkeiten mit Vor- und Nachteilen. Worin Ihre Talente tatsächlich bestehen, was daran fruchtbar ist und was nicht, – erfahren Sie, wenn Sie jetzt vermeidbare Fehler bereinigen und unvermeidlichen »Mist« nicht »unter den Teppich kehren«, sondern als Dünger auf den Acker des Lebens und das Feld der Erfahrung tragen:

»Das Pferd macht den Mist im Stall, und obgleich der Mist Unsauberkeit und üblen Geruch an sich hat, so zieht doch das selbe Pferd den selben Mist mit großer Mühe auf das Feld; und daraus wächst der edle schöne Weizen und der edle süße Wein, die niemals so wüchsen, wäre der Mist nicht da. Nun, der Mist, das sind deine Mängel, die du nicht beseitigen, nicht überwinden, noch ablegen kannst. Die trage mit Mühe und Fleiß auf den Acker des liebreichen Willen Gottes in rechter Gelassenheit deiner Selbst. Streue deinen Mist auf dieses edel Feld, daraus sprießt ohne allen Zweifel in demütiger Gelassenheit edle, wonnigliche Frucht auf« (Johannes Tauler, mittelalterlicher deutscher Mystiker).

Haben Sie keine Angst vor unbequemen Widersprüchen. Wenn selbst der eigene und anderer Leute Mist noch nützlich ist, um wieviel mehr die wahren Talente!

Talentprobe

Diese Karte ist ein guter Anlaß, Ihre praktischen Fähigkeiten neu zu entdecken und neu zu bewerten.

»Asche« (Kohlenstoff) und Diamanten haben die gleiche chemische Zusammensetzung, sind insofern von gleicher Natur, doch der unterschiedliche Druck, den sie in der Erde erfahren haben, sorgt für die so verschiedenartigen Resultate. Ähnlich verhält es sich mit Ihren praktischen Fähigkeiten und Fertigkeiten. Bestimmte Drucksituationen und besondere Eindrücke lassen *neue Fertigkeiten* hervortreten, während andere an Bedeutung verlieren.

Im Unscheinbaren steckt auch das Un-Scheinbare, das Wesentliche und Typische, auf das es jetzt ankommt. Prüfen Sie Ihre Werte und Wertschätzungen. Wenn Sie Wesentliches und Belangloses neu definieren, so heben Sie Ihre Münze empor, das Gold, das nun nicht mehr auf der Straße liegt (Waite-Bild); Sie erfassen Ihren Diamanten (Crowley-Bild). Ihren inneren Reichtum können Sie jetzt in neue Werte ummünzen.

Der Wert der Schöpfung

Schon eine Münze oder eine Scheibe besitzt die sprichwörtlichen »zwei Seiten der Medaille«. Jedes Stück Materie – jeder »Stoff«, jede Sachfrage – ist damit doppeldeutig! »Es ist ein Universum auch im Innern« (Goethe). Es kommt jetzt darauf an, daß Sie diese materiellen Widersprüche in die Hand nehmen, um die Spannung, die potentielle Energie, die Ihnen wie jedem Menschen und jedem Sachverhalt eigen ist, zu erkennen und zu nutzen.

Die menschliche Natur ist eine Doppelnatur. Sie sind »Bürger zweier Welten«. Ihre doppelte Heimat – im Himmel und auf der Erde – wird im Waite-Bild nicht zuletzt in dem doppelten Randkreis deutlich, den die Münze hier trägt.

Der Mensch ist ein »großes Tier«, wie die griechische Inschrift auf der Scheibe im Crowley-Bild aussagt. Das Tierische und Wilde im Menschen besitzt auch wiederum einen Doppelcharakter, der sich unter anderem in »dunklen Trieben« und andererseits in einem »wilden Denken«, in Spuk und Geistern äußert.

Nehmen Sie diese Karte als Chance, das Gewicht und die Bedeutung Ihres Daseins neu zu begreifen. »Like a rolling stone«: Bringen Sie den Stein ins »Rollen«, entdecken Sie neu, was die Erde Ihnen zu bieten hat und was Sie ihr geben können.

Persönlicher Zusammenhang

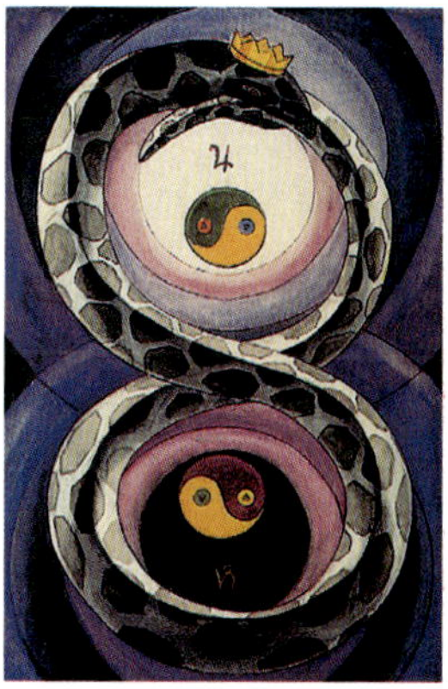

In Ihrer aktuellen Situation treten neue Fakten, Werte und Ergebnisse auf, die Ihre »Krone« verrücken. Etwas, das immer schon vorhanden und jedenfalls möglich war, tritt jetzt hervor und gewinnt eine besondere Bedeutung.

Alte Gewohnheiten werden in Frage gestellt. Ihr Bewußtsein wandelt sich. Und Sie erkennen neue Werte, die jetzt für Ihr Leben wichtig werden. Ihr Selbstbild und Ihr Ich-Bewußtsein bekommen einen »Stoß«, einen Anstoß.

Lassen Sie sich nicht beunruhigen. Es ist wie auf einer Achterbahn: »Je länger, je lieber« – der Wechsel von Höhen und Tiefen ist am Anfang am stärksten, je länger Sie Ihren neuen Kurs fahren, um so selbstverständlicher wird er für Sie sein.

Erkennen Sie Ihren Anteil an der jetzigen Veränderung. Vermeiden Sie zu sagen: »Alles ist Zufall« oder: »Es gibt keinen Zufall«. Sagen Sie lieber: »Ich sehe diesen Zusammenhang!« Es ist Ihre Art der Wahrnehmung, Ihre Auffassung, die einen Zusammenhang behauptet oder bewahrt. Es ist Ihr Talent, jetzt die verschiedenen Dinge zu ordnen und zusammenzubringen. Packen Sie es an!

Neue Werte

Ein Bild der Berufsarbeit und der Berufung, der Arbeit und des Lohns … In uns allen schlummern unbekannte Talente. Zeigen Sie jetzt, was in Ihnen steckt. Und lassen Sie sich überraschen, was andere vorzubringen haben.

Dem großen Michelangelo wird die Bemerkung zugeschrieben, der Bildhauer (s. Waite-Bild) bringe nichts in den Stein hinein, vielmehr befreie er die im Stein eingeschlossene Gestalt »nur« von ihrem Ballast. Werfen Sie also Ballast ab! Spitzen Sie Ihre Energien, Ihre Bemühungen zu!

So können Sie in Ihren aktuellen Fragen das Wesentliche herausarbeiten: Fordern Sie unbekannte Talente zutage. Begraben Sie unproduktive Gewohnheiten. Schaffen Sie neuartige Ergebnisse und Spitzenwerte.

Zeigen Sie, was aus Ihrer Sache herauszuholen ist!

Begriffene Talente

Das Rechteck (im Marseiller und im Crowley-Bild) deutet auf die vier Elemente hin, auf die »Ecken und Enden« der Welt. Gegenüber einem ganzen Universum können und müssen Sie Ihr Eigenes begründen und den Wert Ihrer Talente belegen.

Finden Sie heraus, worin und wieweit Sie über persönliche Talente verfügen, die für andere nützlich sind und die zugleich die Besonderheit oder die Einzigartigkeit Ihrer Person verdeutlichen. Bestimmte *Prägungen* zeichnen Sie in ihrer Besonderheit aus – Prägungen, die Sie erlebt und erlitten haben, Prägungen, die jetzt Ihre Aufgabe und Ihre Sache sind.

Spielen Sie nicht den Helden oder den Versager. Verabschieden Sie sich jetzt von Angeberei und von Duckmäusertum. Ihre Stärken und Ihre Schwächen besitzen einen *besonderen* Wert. Schaffen Sie den Rahmen, worin dieser Wert sich auszahlt und Ihr Dasein krönt.

Hilfe in der Not

Menschliche Kälte, Not und Qual sind zum einen Teil »hausgemacht«. Gewisse Seiten bei sich und/oder bei anderen müssen Sie jetzt akzeptieren, wenn Sie eine elende Lage verhindern oder verändern wollen. Auch die »Schwäche« hat ihren Wert. Nehmen Sie Rücksicht auf ein unterschiedliches Entwicklungstempo. Messen Sie nicht Ungleiches mit Gleichem!

Zu einem anderen Teil sind Leid und Elend weder »hausgemacht« noch eine »Strafe des Schicksals« oder dergleichen; sie gehören schlechterdings zur menschlichen Existenz. Vor diesem Hintergrund besteht die Botschaft der Karte darin, persönliche Nöte zu teilen und dadurch aufzuheben:

Eine bekannte Legende erzählt vom Blinden und vom Lahmen, die sich zusammen auf den Weg machen. Der Blinde stützt den Lahmen und der Lahme führt den Blinden. Indem sie ihre Nöte teilen, werden sie von der Hilflosigkeit ihrer Lage erlöst. Die individuellen Kräfte vervielfachen sich durch die Zusammenarbeit.

Verwirklichte Bedürfnisse

Äußern Sie Ihre Bedürfnisse und haben Sie ein offenes Ohr für die Bedürfnisse anderer. Ihre Liebe und Ihre Selbstachtung blühen dadurch auf. Und in Ihren praktischen Fragen werden Sie von Erfolg gekrönt, wenn Sie verstehen, daß Ihre Bedürfnisse wie Ihre Talente ein Vermögen darstellen.

Wenn Geben und Nehmen sich die Waage halten, dann passiert entweder – nichts Wesentliches. Die Waagschale neigt sich nicht, weil der Austausch ohne spürbares Gewicht bleibt. *Oder* die Waage bleibt im Lot, weil *alle* beteiligten Seiten dazugewinnen. Wenn »Münzen« wirkliche Bedürfnisse zur Geltung bringen, dann gewinnt sowohl derjenige, der sie ausgibt, wie auch derjenige, der sie einnimmt.

Wenn Sie mit Ihren Talenten Bedürfnisse erfüllen und mit Ihren Bedürfnissen Talente wecken und fördern, entsteht jedesmal ein *Zugewinn*. Achten Sie also darauf, nicht den Mangel zu verwalten, sondern einen Gewinn zu erzielen.

Persönlicher Maßstab

Es sind zwei verschiedene Paar Schuhe (s. Waite-Bild), ob Sie einen Sachverhalt vom allgemeinen Standpunkt oder aus Ihrer Perspektive betrachten. Ihr persönlicher Standpunkt – das, was unmittelbar vor Ihren Füßen liegt – macht den besonderen Unterschied aus.

Ihren persönlichen Maßstab besitzen und gewinnen Sie, wenn Sie Ihre eigene Herangehensweise gegenüber dem bisherigen Stand der Dinge geltend machen.

In Ihren aktuellen Fragen kommen Sie am besten voran, wenn Sie eigene und fremde Maßstäbe prüfen und behutsam zu einem selbständigen Urteil finden. Was auf den ersten Blick nach einem »Fehlschlag« aussehen mag, was Ihnen vielleicht einen Knüppel zwischen die Beine wirft, kann sich bei genauerer Betrachtung als nützlich erweisen.

Halten Sie sich weniger daran, was Sie oder andere glauben, sondern stützen Sie sich auf tatsächliche Erfahrungen. Finden Sie den Unterschied heraus, wo Sie die Dinge tatsächlich anders sehen als andere. Sie stehen vor der Chance, Ihre Talente neu zu begreifen und damit große Aufgaben zu lösen.

Meisterschaft

Paradoxerweise müssen Sie über sich hinauswachsen, um zu sich selbst zu finden. Ihr Beitrag in einer großen Angelegenheit ist jetzt gefragt. Finden Sie zu einer Neubewertung Ihrer persönlichen Aufgaben und Notwendigkeiten.

In der Entfaltung der eigenen Natur und in der Vervielfältigung des persönlichen Talents liegt Ihre Meisterschaft. Arbeiten Sie Ihre Natur, Ihre Logik und Ihre Selbstverständlichkeiten deutlich heraus. Begraben Sie Ihren Eigensinn, auf daß der »Sinn des Eigenen« erblühe und sinnlose Eigenheiten absterben!

Jede Sachaufgabe, die Sie bewältigen, ist ein Spiegel der Arbeit an Ihnen selbst. Je deutlicher Ihnen Ihre Begabungen und Ihre Begrenzungen werden, um so mehr werden Sie zum Meister oder zur Meisterin in eigener Sache! Sorgen Sie für zahlreiche Ergebnisse, die Ihre Handschrift, Ihren Zuschnitt tragen und in denen Sie sich selbst wiedererkennen.

Begriffene Notwendigkeiten

Ob Sie auf der Welt sind oder nicht, das macht einen großen Unterschied aus. Sie bringen etwas mit, das die Erde reicher macht. Darum: Verstecken Sie Ihren Glanz, Ihre Schönheit nicht! Seien Sie großzügig, und zeigen Sie Ihren Mitmenschen, welche Schätze Sie zu bieten haben, weil Sie selber ein »Schatz« sind.

Wenn Ihr innerer Reichtum erkennbar werden soll, muß er sich in den großen und kleinen Dingen des Lebens äußern können. Sie finden aber zunächst Lebensgewohnheiten vor, die auch ohne Sie existieren würden – Gepflogenheiten, die nicht nach Ihrem Geschmack und nach Ihrer Logik eingerichtet sind. Es ist also *notwendig,* daß Sie Ihren persönlichen Lebensumständen eine eigene Gestalt, ein persönliches Gepräge geben. Diese Aufgabe gleicht der harten Arbeit in einem Weinberg. Doch das Ergebnis Ihrer Bemühungen gleicht den reifen Trauben: Sie sind ein hoher Genuß.

»Im Wein liegt Wahrheit« – machen Sie Ihre persönliche Wahrheit fruchtbar. »Wer meint, alle Früchte würden gleichzeitig mit den Erdbeeren reif, versteht nichts von den Trauben« (Paracelsus).

Blühende Talente

Die zehn gelben Pentakel (im Waite- wie im Crowley-Bild) stellen die zehn Stationen des kabbalistischen Lebensbaumes dar. Vergleichbar dem Tierkreis in der Astrologie, symbolisiert der Lebensbaum in der Kabbala ein Modell der Ganzheit, der Geschlossenheit und der Vollendung. Allerdings fehlen in den vorliegenden Bildern die Verbindungswege, welche die einzelnen Stationen erst zum »Baum« strukturieren. *Vollzählig, aber unverbunden* – das gilt für diesen Baum des Lebens und zugleich für Ihre aktuelle Situation. Die Summe Ihrer Talente (Crowley- und Marseiller Bild); Kind, Erwachsene und Greis, Mensch und Tier, Kultur und Zivilisation, Heimat und Fremde und vieles mehr (Waite-Bild): *Alles* ist da, die Frage ist nur, ob Sie Ihre vielen Fähigkeiten miteinander in Verbindung bringen, ob Sie sich in allem Menschlichen ein Stück weit auch selbst wiedererkennen können, ohne zugleich stets von Ihnen auf andere zu schließen.

Seltsamerweise und witzig genug, ist Individualität im Alleingang nicht möglich. Wenn Sie die Brücke zum Anderen, zum Fremden – in Ihnen und in Ihren Mitmenschen – finden, verschwindet die Einsamkeit, dieser Schatten einer fehlenden Individualität, genauso wie die Gefahr, in der Masse unterzugehen.

Datum	Tierkreiszeichen	Planet	typische Große Karte
21.3.–20.4.	Widder	Mars	IV – Der Herrscher
21.4.–20.5.	Stier	Venus	V – Der Hierophant
21.5.–21.6.	Zwillinge	Merkur	VI – Die Liebenden
22.6.–22.7.	Krebs	Mond	VII – Der Wagen
23.7.–22.8.	Löwe	Sonne	VIII – Kraft (XI – Lust)
23.8.–22.9.	Jungfrau	Merkur	IX – Der Eremit
23.9.–22.10.	Waage	Venus	XI – Gerechtigkeit (VIII – Ausgleichung)
23.10.–21.11.	Skorpion	Pluto	XIII – Tod
22.11.–20.12.	Schütze	Jupiter	XIV – Mäßigkeit (Kunst)
21.12.–19.1.	Steinbock	Saturn	XV – Der Teufel
20.1.–18.2.	Wassermann	Uranus	XVII – Der Stern
19.2.–20.3.	Fische	Neptun	XVIII – Der Mond

Sechs Karten gehören zu jedem Tierkreiszeichen – zum Beispiel zur »Jungfrau« die Karten IX – Der Eremit, I – Der Magier, Ritter der Münzen (im Crowley-Tarot: Ritter der Scheiben), Münzen (oder Scheiben) 8, 9, 10. Welche von den sog. Großen Karten den einzelnen Planeten zugeordnet sind, erkennen Sie an der letzten Spalte der Tabelle: Zum Mars gehört »Der Turm«, zur Venus »Die Herrscherin«, zum Merkur »Der Magier« etc.

entsprechende typische Hofkarte	zugehörige Zahlenkarten	ergänzende Große Karte
Stab-Königin	Stab 2-4	XVI – Der Turm
Münz-König (Prinz der Scheiben)	Münz 5-7 (Scheiben 5-7)	III – Die Herrscherin
Schwert-Ritter	Schwert 8-10	I – Der Magier
Kelch-Königin	Kelch 2-4	II – Die Hohepriesterin
Stab-König (Prinz der Stäbe)	Stab 5-7	XIX – Die Sonne
Münz-Ritter (Ritter der Scheiben)	Münz 8-10 (Scheiben 8-10)	I – Der Magier
Schwert-Königin	Schwert 2-4	III – Die Herrscherin
Kelch-König (Prinz der Kelche)	Kelch 5-7	XX – Gericht (Das Äon)
Stab-Ritter	Stab 8-10	X – Rad des Schicksals (Glück)
Münz-Königin (Königin der Scheiben)	Münz 2-4 (Scheiben 2-4)	XXI – Die Welt (Das Universum)
Schwert-König (Prinz der Schwerter)	Schwert 5-7	XXII/0 – Der Narr
Kelch-Ritter	Kelch 8-10	XII – Der Gehängte

Anmerkung: Sonne und Mond gelten in den Begriffen der Astrologie auch als Planeten. Die Königin »regiert« jeweils in ihrer Farbreihe die kleinen Karten 2–4, der König (bzw. Prinz) die Karten 5–7 und der Ritter 8–10. Die zum Teil anderslautenden Namen des Crowley-Tarot sind in Klammern angegeben

I
SETHI
THE MAGICIAN
IL BAGATTO
EL MAGO
LE BATELEUR
DER MAGIER

THE EMPEROR
EL EMPERADOR
74

THE EMPRESS
L'IMPERATRICE
III
DIE HERRSCHERIN
L'IMPERATRICE

FANTE DI SPADE

9
9.

4
IIII
4
IIII L' IMPERATORE

XI
STRENGTH
LA FORZA
LA FORCE
LA FUERZA

XIV
TEMPERANCE
LA TEMPERANZA
LA TEMPÉRANCE
LA TEMPLANZA

XX
JUDGEMENT
IL GIUDIZIO
LE JUGEMENT
EL JUICIO

Die Welt des Tarot · 30 beliebte Tarot-Decks

Ägyptisches Tarot

Zahlreiche Varianten.

Während die Tarot-Karten tatsächlich aus der italienischen Renaissance stammen, bildet die Legende vom ägyptischen Ursprung die Grundlage vieler Mythen um das Tarot. Diese Legende, an der Antoine Court de Gébelin und Paul Christian besonderen Anteil haben, kann man symbolisch interpretieren: »Mit dem Tarot komme ich mit Dingen und Ereignissen in Berührung, die mir so kostbar sind wie beispielsweise ein Tempel des alten Ägyptens.« Die Abbildungen zeigen drei populäre Varianten, v.l.n.r.: RAMSES TAROT DER EWIGKEIT, ÄGYPTISCHES TAROT, ALTÄGYPTISCHES TAROT.

Altes italienisches Tarot

1880. 78 Karten. Nachdruck 1998, 66 x 120 mm, ISBN 3-927808-80-6.

Aus Italien stammen die ältesten Tarot-Karten (s. VISCONTI-TAROT). Seit Jahrhunderten besitzt Italien eine lebhafte Produktion von *tarocchi*, von Tarot-Karten. Historische Kartensätze existieren daher heute in großer Zahl. Dabei bildeten einzelne Regionen Italiens eigene Stilmerkmale aus. Die hier abgebildete Ausgabe ist die Reproduktion eines Spiels, das um 1880 von der Cartiera Italiana (Italienische Papierfabik) in Serravalle Sesia gedruck wurde. (*v.l.n.r.:* Page der Schwerter, Kelch-9, IV-Der Herrscher.)

Blumenelfen Tarot

Antonella Castelli und Laura Tuan, 2003. 78 Karten, 66 x 120 mm, ISBN 3-89875-539-8.

Dieses in zarten Aquarellfarben gehaltene Deck ist eine zauberhafte Bereicherung der aktuellen Elfen- und Feenmode. Antonella Castelli, die 1998 mit dem PRIMAVERA TAROT debütierte, ließ sich hierzu zwar von den berühmten Zeichnungen der englischen Illustratorin Cicely Mary Barker (1895-1973) inspirieren, schuf aber völlig eigenständige und ideenreiche Motive mit witzigen und verblüffenden Details. (*v.l.n.r.:* XI-Die Kraft, XIV-Die Mäßigkeit, VIII-Die Gerechtigkeit.)

XIX
Die Sonne

XX
Das Aeon

XXI
Das Universum

DER EREMIT
VIIII
VIIII
EL ERMITAÑO

DER MAGIER
I
I
EL MAGO

DER STERN
XVII
XVII
LA ESTRELLA

King of Pentacles
Rey de Oros
Re Denari
Roi de Deniers
König der Münzen
Munten Koning

Swords
Espadas
1
Spade
Schwerter
Zwaarden

The Devil
El Diablo
XV
Il Diavolo
Le Diable
Der Teufel
De Duivel

Crowley-Tarot

Aleister Crowley / Lady Frieda Harris, 1943 / 1969. 78 Karten, verschiedene Größen, z.B. ISBN 3-927808-55-5 (Standardgröße 70 x 110 mm) oder ISBN 3-927808-56-3 (Pocketgröße 57 x 89 mm)

Crowleys eigene Bezeichnung »Thoth Tarot« spielt auf den ägyptischen Gott Thot an (engl. *Thoth,* entspricht dem griechischen Hermes). Die Karten zeichnen sich durch eine große Kraft in der Symbolik aus und haben einen festen Platz als Tarot-Standard. Ungeachtet der Person Crowleys sind sie eine zuverlässige Quelle für Meditation und Interpretation. Zu den Vorteilen dieser Karten gehören viele besonders geglückte Bildideen. Die Bilder sagen regelmäßig mehr aus als die aufgedruckten Untertitel! Diese (wie »Gewinn«, »Vergeblichkeit« usw.) sollten beim Kartenlegen abgedeckt werden (Klebeband oder Finger).

Dalí-Tarot

Salvador Dalí, ca. 1975 und 1984, 2003. 78 Karten, 78 x 140 mm, ISBN 3-89875-572-X (mit Goldschnitt) / ISBN 3-89875-643-2 (Jubiläumsausgabe) / ISBN 3-89875-621-1 (limitierte, numerierte Set-Ausgabe).

Neben dem VOYAGER TAROT und dem MARGARETE PETERSEN-TAROT zählen diese Karten zu den drei modernen Tarot-Klassikern. Traditionelle Tarot-Motive, Szenen aus den Werken alter Meister und eigene Schöpfungen sind kunstvoll zu aussagestarken Collagen komponiert. Dies macht das Dalí-Tarot zu einem schönen und wertvollen Tarot, das ästhetisch und symbolisch bedeutsam ist. Zum 100. Geburtstag von Salvador Dalí erschienen eine Jubiläumsausgabe der Karten, ein umfangreiches Deutungsbuch und eine limitierte und numerierte Set-Ausgabe mit Buch, Karten und Zertifikat in mehreren Sprachen.

Tarot der Drachen

Severino Baraldi und Manfredi Toraldo, 2004. 78 Karten, 66 x 120 mm, ISBN 3-89875-668-8.

Der Drache ist ein wahrhaft multikulturelles Phänomen. Die Drachensymbolik findet auch immer wieder Eingang ins Tarot. Ein bekanntes Beispiel ist etwa das DRAGON TAROT (hier o. Abb.) von Peter Pracownik und Terry Donaldson (den Schöpfern des HERR DER RINGE TAROT) von 1995. Das abgebildete TAROT DER DRACHEN vereinigt Drachensymbole von allen Kontinenten mit ihren schillernden Bedeutungen in einem farbenprächtigen Spiel.

THE FOOL
LE FOU
0
DER NARR
EL LOCO
IL MATTO

THE LOVER
LES AMANTS
VI
DIE LIEBENDEN
EL ENAMORADO
GLI INNAMORATI

THE HIGH PRIESTESS
LA PAPESSE
II
DIE HOHEPRIESTERIN
LA SACERDOTISA
LA PAPESSA

AEON
21
Synthesis
Synthese
ZYKLUS
MA

CREATOR
1
Consciousness At Work
Angewandte Bewußtheit
ERSCHAFFER
A☿

STAR
17
Hope
Hoffnung
STERN
M☿

QUEEN OF CHALICES
REGINA DI COPPE
REINE DE COUPES
REINA DE COPAS
KÖNIGIN DER KELCHE
BEKERS KONINGIN

0
THE FOOL
IL MATTO
LE FOU
EL LOCO
DER NAAR
DE DWAAS

8
SWORDS
SPADE
EPEES
ESPADAS
SCHWERTER
ZWAARDEN

Elfenzauber Tarot

(Zuerst: Tarot der Goldenen Morgenröte) Giacinto Gaudenzi, 1998.
78 Karten, 66 x 120 mm, ISBN 3-933939-93-3.

Gaudenzi (KELTISCHES TAROT und DECAMERONE TAROT, o. Abb.) bewegt sich hier in der Welt der Elfen und Kobolde. »Überaus phantasievolle Details machen dieses sehr charmante Deck zu einem Sehgenuß. Den Mythengestalten verleiht er sehr individualistische Züge, zuweilen blitzt den Gnomen der Schalk nur so aus den kecken Augen. Sicher verbirgt sich auch hier gelegentlich der Schrecken hinter harmloser Fassade (Teufelsfuß beim Eremiten, das abgeschlagene Haupt auf dem Schoß der Schwert-Königin etc.). Den teuflischsten Teufel aller mir bekannten Decks hat dieses Spiel übrigens auch« *(Bertram Keller-Krohn).*

Experimental Tarot

Samvado G. Kossatz, 1990. 78 Karten, 70 x 102 mm, ISBN 3-89875-511-8.

Ein aktuelles Tarot-Deck, das der Hamburger Mediengestalter Samvado G. Kossatz ohne Pinsel und Stift komplett am Computerbildschirm geschaffen hat. Entstanden sind die Bilder aus persönlichen Meditationen und Tarot-Studien, und eben dafür – für Tarot-Studien und persönliche Meditationen – sind diese Karten empfehlenswert. Sie gelten als ungewöhnlich anregend für kreative Prozesse. (Abb. v.l.n.r.: 21-Aeon, 1-Creator, 17-Star.)

Giotto Tarot

Guido Zibordi, 2001. 78 Karten, 66 x 120 mm, ISBN 3-933939-94-1.

Dieses Deck steht als Beispiel für eine derzeit vor allem in Italien sehr produktive Tarot-Linie. Moderne Künstler, zumeist aus der Kunstrichtung des Comic stammend, greifen die Malstile alter Meister auf, bringen ihren eigenen Stil mit hinein, und so entstehen sogenannte *historisierende* Künstler-Tarot: moderne Decks in einer historisch anmutenden Optik. Weitere, hier nicht abgebildete Beispiele sind etwa das Leonardo da Vinci Tarot, das Hieronymus Bosch Tarot, das Dürer Tarot oder das Bruegel Tarot.

7 THE CHARIOT

11 JUSTICE

II

3
Arbeit
Drei der Steine

VENUS
VON WILLENDORF
Mutter der Kelche im Norden
Königin der Kelche

XI
Die Gerechtigkeit

Deux des Coupes
Due di Coppe
Two of Cups
Zwei-Kelche
Dos de Copas

Cinq des Bâtons
Cinque di Bastoni
Five of Rods
Fünf-Stäbe
Cinco de Bastos

XVIII La Lune
XVIII La Luna
XVIII The Moon
XVIII Der Mond
XVIII La Luna

Golden Dawn-Tarot

Robert Wang / Israel Regardie, 1977. 78 Karten, 79 x 129 mm, ISBN 0-913866-16-4.

Der Golden-Dawn-Orden (um 1900) steht für eine späte und hohe Entwicklungsstufe der klassischen Esoterik. Er besitzt eine unvergängliche Bedeutung für die Tarot-Geschichte. Von seinen Mitgliedern wurden mehrere bedeutende Tarot-Decks entwickelt. So von Aleister Crowley und Lady Frieda Harris, von Arthur E. Waite und Pamela Colman Smith, von Paul Foster Case und anderen. – Die hier vorgelegten Karten sind keine Originale aus dem Orden, sondern spätere Nachschöpfungen von Robert Wang und Israel Regardie.

Haindl-Tarot

Hermann Haindl, 1988. 78 Karten, 79 x 128 mm, ISBN 3-7787-8044-1.

Der frühere Bühnenbildner an den Frankfurter Städtischen Bühnen, Hermann Haindl, hat in diesen Karten vielfältige Symbolwelten verschmolzen. Die Münzen heißen hier Steine. I-Ging-Zeichen sind auf den Karten angegeben. Die Untertitel erinnern an die CROWLEY-Karten, manche Bildmotive auch an das MARGARETE PETERSEN TAROT. Parzival, Odin, und die Venus von Willendorf treten uns hier überraschend entgegen, ebenso wie Nut, Isis und Osiris, ferner Spider-Woman, White Buffalo Woman, und schließlich Kali, Brahma und Krishna. Dieses Tarot-Deck bietet eine Fülle der verarbeiteten Motive und kunsthandwerkliche Stärke.

Hanson-Roberts-Tarot

Mary Hanson-Roberts, 1984. 78 Karten, 61 x 100 mm, ISBN 0-88079-079-2.

Die Bilder von Waite wurden von Mary Hanson-Roberts zum Teil neugedeutet und auf eigene Art gezeichnet. Das »Lexikon des Tarot« empfiehlt dieses Spiel in Kinderhände. In vielen Jahren der Begegnung mit Tausenden von Tarot-Freunden haben die Autoren dieses Spiel allerdings noch nie in Kinderhänden angetroffen, dafür um so häufiger in Erwachsenenhänden, die glücklich waren, mit diesen Karten noch einmal in eine Märchenwelt eintauchen zu können. Mary Hanson-Roberts gestaltete auch das in pastellfarbigen Aquarellen gemalte UNIVERSAL WAITE TAROT (hier o. Abb.).

SECHS DER MÜNZEN
Bilbo findet den Schatz in Smaugs Höhle, aber die Teilung der Beute wird später noch schwierig sein.

ZEHN DER STÄBE
Sam trägt Frodo auf den Schicksalsberg, wo sie den Ring vernichten können. Bald wird ihm die Last abgenommen werden.

KÖNIG DER SCHWERTER
Aragorn wird in Minas Tirith zum König gekrönt, und Frau Arwen wird seine Gattin und Königin.

SWORDS
EPEES
2
SCHWERTER
ESPADAS
SPADE

CHALICES
COUPES
3
KELCHE
COPAS
COPPE

TEMPERANCE
LA TEMPERANCE
XIV
DIE TEMPERANZ
LA TEMPLANZA
LA TEMPERANZA

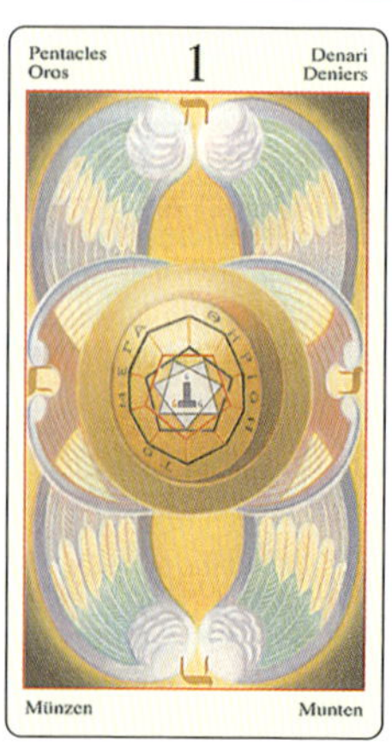
Pentacles
Oros
1
Denari
Deniers
Münzen
Munten

Chalices
Copas
2
Coppe
Coupes
Kelche
Bekers

Swords
Espadas
3
Spade
Épées
Schwerter
Zwaarden

Herr der Ringe-Tarot

Peter Pracownik / Terry Donaldson, 1997. 78 Karten, 70 x 120 mm, ISBN 3-89875-571-1.

»Dreizehn Jahre schrieb J.R.R. Tolkien an *Der Herr der Ringe*. Er hat damit ein weites Feld mythischer Symbolik erschlossen, das man nicht mehr verlassen möchte, wenn man es einmal betreten hat. In diesem Spiel (...) begegnet man sowohl der Tradition des Tarot als auch der Welt von *Der Herr der Ringe*. Man kann dieses Tarot auch als Kartenspiel benutzen – für zwei bis sechs Mitspieler ab 10 Jahren und natürlich für Erwachsene. Eine ausführliche Anleitung liegt bei« (aus: Soul – Magazin für Lebensfreude). Schöpfer der Karten: der Fantasy-Maler Peter Pracownik und der Londoner Tarot-Lehrer Terry Donaldson.

Kristall Tarot

Elisabetta Trevisan, 1986. 78 Karten, 66 x 120 mm, ISBN 3-927808-69-5.

Ein Erfolgs-Tarot aus dem Hause Lo Scarabeo, dem zeitgenössischen Fachverlag für Tarot-Karten und Tarot-Kunst in Italien. »I Tarocchi di Vetro« – das Glas-Tarot – lautet der italienische Originaltitel. Elisabetta Trevisan hat die Vorlagen hinter Glas gemalt und dabei erstaunliche Bilder geschaffen, die filigrane Details, starke Szenen und Figuren beinhalten und zugleich oft die Gestalt und die Kraft eines Mandalas besitzen.

Liber T Tarot

Andrea Serio / Roberto Negrini, 2004. 78 Karten, 66 x 120 mm, ISBN 3-89875-634-3.

Eine faszinierende Neuschöpfung, ganz dem Mythos CROWLEY-TAROT gewidmet. Andrea Serio, Schöpfer des DANTE TAROT, gestaltete in Zusammenarbeit mit italienischen Crowley-Exegeten ein Deck von bleibendem Wert. Die ausdrucksstarken Zeichnungen variieren und erneuern die Bilder aus dem Tarot von Aleister Crowley und Lady Frieda Harris. Die 22 Großen Karten sind direkte Repliken der berühmten Vorlage, während viele der kleinen Arkana eigene Wege gehen und Bildideen aus dem CROWLEY-TAROT weiterentwickeln. LIBER T (für Tarot) war im übrigen die Bezeichnung für das interne Tarot-Buch des Golden Dawn Ordens.

VII
Wagenlenkerin

II
Die Hohepriesterin

IV
IV

VI
VI

XIX
THE SUN

QUEEN OF RODS

VII — THE CHARIOT

II

Margarete Petersen-Tarot

M. Petersen, 2001 / 2. veränderte Aufl. 2004, 95 x 140 mm, ISBN 3-89875-627-0.

Ein Meilenstein in der Tarot-Geschichte, Augenweide und Publikumserfolg: »Mit diesen Karten fängt eine neue Ära an!« (Luisa Francia). Wie nur wenige andere Künstlerinnen hat Margarete Petersen die Entwicklung der Tarot-Landschaft im deutschsprachigen Raum mitgestaltet und beeinflußt. In 22 Jahren, von 1979 – 2001, schuf sie ihre Version des Tarot : »... ein Weg, den ich nicht geplant habe, sondern es ist geschehen oder besser gewachsen«, notiert die Künstlerin, »ein unsystematisches, scheinbar chaotisches Vorgehen, wobei ich mich einzig auf meine Träume verlassen habe«.

Marseille, Tarot de

Verschiedene Varianten und Kartengrößen.

Um 1500, wenige Jahrzehnte nach den ersten italienischen Tarot-Karten entstand in Südfrankreich das »Marseiller Tarot«. Es existiert in unzähligen, nahezu identischen Varianten, deren Unterschiede vor allem die Spielkartenforschung interessieren. Für Meditationen, Bildvergleiche und Tarot-Studien sollte auch in jeder privaten Tarot-Sammlung zumindest eine Ausgabe des Tarot de Marseille vorhanden sein. Die heutige Verbreitung und Anwendung des Tarot ist zwar ein Kind des späten 20. Jahrhunderts. Dennoch ist es nicht unerheblich, die Vorgeschichte zu kennen, die mit dem Tarot de Marseille untrennbar verbunden ist.

Morgan-Greer-Tarot

Bill F. Greer / Lloyd Morgan, 1979. 78 Karten, 70 x 120 mm, ISBN 3-905017-19-9.

Auf den ersten Blick eine farbenprächtige Cover-Version des WAITE-TAROT. Auf den zweiten Blick Bildelemente, die nicht dem WAITE-TAROT, sondern dem BOTA-TAROT entspringen. Im dritten Eindruck zeigt sich, daß zwar bekannte Bilder aus dem WAITE-TAROT als Vorlage dienten. Viele Bilder des Morgan-Greer-Tarot entpuppen sich aber als Ausschnittsvergrößerungen des WAITE-TAROT. Obwohl schon nicht mehr ein direktes Produkt der Hippie-Zeiten, so strahlen die Karten durch ihre Farbigkeit ein buntes Lebensgefühl aus, das unbelastet von Trends und Modeerscheinungen bis heute seine Popularität besitzt.

SHARING

I
EXISTENCE

TRUST

CHALICES
COUPES
7
KELCHE
COPAS
COPPE

WANDS
BATONS
5
STÄBE
BASTOS
BASTONI

THE WORLD
LE MONDE
XXI
DIE WELT
EL MUNDO
IL MONDO

Motherpeace Tarot

Karen Vogel / Vicki Noble, 1981. 78 runde Karten, zwei Größen, ISBN 3-905017-22-9.

Dieses Deck und das DAUGHTERS OF THE MOON-TAROT – beide mit kreisrunden Karten und beide in der Frauenbewegung Kaliforniens daheim – haben Maßstäbe für eine feministisch orientierte Spiritualität gesetzt! Männliche Figuren sind hier allerdings weitgehend tabu. Die Hofkarten heißen Schamanin, Priesterin, Sohn und Tochter. Zum archaisch-einfachen Stil der Zeichungen ist oft die Frage gestellt worden, ob dies »Kunst« sei. Doch das geht an der Wirkung dieser Karten vorbei. »Jene Raffinesse des Einfachen, die sowohl an Höhlenzeichnungen wie an der Graffiti-Kunst zu bewundern ist, sie finden wir auch hier« (E. Graf).

Osho Zen Tarot

Ma Deva Padma (Susan Morgan), 1994. 79 Karten, 74 x 109 mm, ISBN 3-905017-84-9.

Hervorragende Bildideen: Der Ritter der Kelche (hier *Ritter des Wassers* genannt) zum Beispiel wird dargestellt als ein »Bungee-Springer ohne Seil« (s. Abb. »Vertrauen«). Die Karte zeigt einen Menschen im freien Fall, der gewollt und bewußt gestaltet wird: ein freies Fliegen. Das trifft nicht alle traditionellen Bedeutungen des Kelch-Ritters, jedoch die wesentlichen! Allerdings werden unkritisch einige Untertitel aus dem Crowley-Tarot übernommen (z. B. *Unterdrückung* bei den *Zehn Stäben*). Die Münzen oder Pentakel heißen hier Regenbogen. Dieses Spiel ist auf dem Weg zum modernen Tarot-Klassiker.

Primavera Tarot

Antonella Castelli, 1998. 78 Karten, ISBN 3-933939-21-6 (Standardgröße 66 x 120 mm) / ISBN 3-89875-596-7 (Mini 44 x 80 mm).

Dieses in Aquarelltechnik gestaltete Deck lebt von beschwingter Heiterkeit und symbolischer Tiefe zugleich. Die junge italienische Graphikerin hat sich von der Jugendstil-Plakatkunst Alphonse Muchas inspirieren lassen, an dessen Sarah Bernardt-Plakate viele Bilder erinnern. Zusätzlich zur klassischen Tarot-Symbolik tritt hier die Symbolik der Blumen sehr in den Vordergrund. Wie sehr Castelli die Blumensprache beherrscht, zeigt etwa auch das von ihr gestaltete BLUMENELFEN TAROT. Und von der zarten, aber prickelnden Erotik dieses Decks lassen Sie sich lieber selbst verführen ...

SWORDS
EPEES
7
SCHWERTER
SPADE

CHALICES
COUPES
4
KELCHE
COPPE

THE EMPRESS
L'IMPERATRICE
III
DIE HERRSCHERIN
L'IMPERATRICE

IX
L'Hermite
The Hermit

Princess of Cups

1
Ace of Swords

KNAVE OF CHALICES
VALET DE COUPES
BUBE DER KELCHE
SOTA DE COPAS
FANTE DI ANFORE

VII. DEO TAURO
DEOTAVRO
VII

0. MATO
MA
TO.

Renaissance Tarot

Verschiedene Ausgaben.

Die italienische Renaissance ist die Quelle des Tarot. In Mailand und Bologna entstanden zwischen 1430 und 1460 die ersten Tarot-Karten (s. VISCONTI TAROT oder auch DAS GOLDENE RENAISSANCE TAROT, MANTEGNA TAROT, letztere hier o. Abb.). In der Literatur werden mitunter diese ersten Tarot-Karten als *Renaissance Tarot* bezeichnet. Zum anderen gibt es eine Reihe heutiger Tarot-Ausgaben, die den Stil alter Renaissance-Karten nachahmen. Und schließlich werden weitere Tarot-Sorten angeboten, die in den letzten Jahren entstanden sind und Renaissance-Motive aus der Sicht heutiger Künstler darstellen. Die Abbildungen stammen aus dem RENAISSANCE TAROT von Giorgio Trevisan (1995), das der letzteren Gruppe zugehört.

Röhrig Tarot

Carl-W. Röhrig, 1993 / 2002. 78 Karten im Großformat 90 x 163 mm, ISBN 3-89875-529-0.

Carl-W. Röhrig gehört zu den großen deutschen Gegenwartskünstlern. Seine Tarot-Karten voller räumlicher Tiefe bestechen durch ihren extravaganten, surrealistischen Stil und ihr phantasievolles Spiel mit Zeichen und Formen. Das Röhrig Tarot ist neben dem Dalí-, dem Niki de St. Phalle- und dem Margarete Petersen-Tarot eines der bedeutendsten Künstlerdecks.

Sola Busca Tarot

15./16. Jhd., Neuausgabe 1996. 78 Karten, 66 x 12 mm, ISBN 3-927808-87-3.

Eines der wichtigsten historischen und wohl am meisten unterschätzten Tarot-Decks! Das Sola Busca-Tarot ist aus mehreren Gründen berühmt: Es war, soweit bekannt, das einzige historische Tarot, das in Metall graviert wurde. Dann ist es das einzige Deck aus dieser Zeit, welches komplett überliefert ist. Von besonderer Wichtigkeit für die moderne Symboldeutung im Tarot sind die Karten, weil sie bei den kleinen Arkana (!) fast durchgängig Bildszenen zeigen. Für Pamela Colman Smith und Arthur E. Waite waren sie eines der wenigen historischen Vorbilder für die Bebilderung der kleinen Arkana! Ihr Einfluß ist im WAITE-TAROT erkennbar.

JUDGEMENT
IL GIUDIZIO
XX
EL JUICIO
LE JUGEMENT
GERICHT
HET OORDEEL

THE MAGICIAN
IL BAGATTO
I
EL MAGO
LE BATELEUR
DER MAGIER
DE MAGIËR

JUSTICE
LA GIUSTIZIA
XI
LA JUSTICIA
LA JUSTICE
GERECHTIGKEIT
GERECHTIGHEID

LA PAPESSA
LA SACERDOTISA
II
LA PAPESSE
DIE HOHEPRIESTERIN
THE HIGH PRIESTESS

2
COPPE
COPAS
COUPES
KELCHE
2
CHALICES

2
SPADE
ESPADAS
ÉPÉES
SCHWERTER
2
SWORDS

X
LA RUOTA · THE WHEEL · DAS RAD · LA ROUE · LA RUEDA

I
IL BAGATTO · THE MAGICIAN · DER MAGIER · LE BATELEUR · EL MAGO

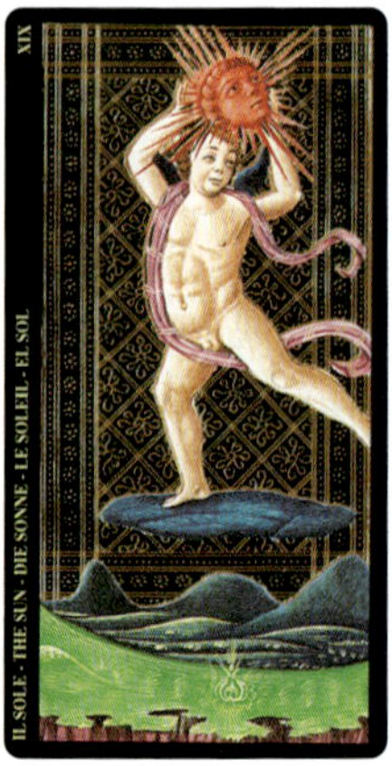
XIX
IL SOLE · THE SUN · DIE SONNE · LE SOLEIL · EL SOL

Teen Witch Tarot

Antonella Platano / Laura Tuan, 2003. 78 Karten 66 x 120 mm, ISBN 3-89875-592-4.

Diese junge und frische Deck greift das Lebensgefühl junger Hexen auf und bringt in comicartigem Stil Szenen und Motive aus dem Leben einer Teen Witch auf die Karten. Ein Deck, das (nicht nur) junge Frauen anspricht, die ihre ›Hexenseiten‹ an sich entdecken und entwickeln wollen: »Von merkwürdigen Beschwörungen oder aufwendigen Requisiten halten wir nicht viel. Das ist doch meistens eher peinlich. Für uns zählt, was wir erleben: Gefühle und Leben. Die positiven Möglichkeiten austesten. An eigenen Zielen arbeiten. Und feiern, daß wir da sind« (aus dem Begleitbuch von Sanja Burg und Ann Rosner).

Vice Versa Tarot

Pietro Alligo / Raul und Gianluca Cestao, 2003. 78 Karten, ISBN 3-89875-542-8 (Standardgröße 66 x 120 mm) / ISBN 3-89875-600-9 (Mini 44 x 80 mm).

Was könnte man finden, wenn man einmal hinter die Figuren und Tableaus der Bilder des Waite-Tarot schauen könnte, und was könnte man sehen, wenn man die Welt mit den Augen dieser Figuren sähe? Diese Fragen veranlaßten die Autoren zu einem neuen Kartenspiel mit wechselnden Sichtweisen und Variationen. Nach einer Idee von Johannes Fiebig greifen sie viele der bekannten Waite-Motive auf und drehen die Optik quasi um. So eröffnen sich spannende neue Rückansichten, Aussichten und Blickrichtungen.

Visconti Tarot

Um 1432. 78 Karten, verschiedene Ausgaben, z. B. hier abgebildet ISBN 3-927808-68-7.

Zwischen 1430 und 1460 entstanden in Oberitalien, namentlich in Mailand, Ferrara und Bologna, die ersten Tarot-Karten. Sie wurden im Auftrag kunstbeflissener Patrizier (Visonti) hergestellt. Es gibt nicht mehr als rund ein Dutzend dieser ursprünglichen Tarocchi, denen erst Jahrzehnte später die ersten Karten des Marseiller Tarot folgten. Während die Originalkarten in Museen lagern, sind verschiedene Reprints (Nachdrucke) im Spielkartenformat erhältlich. Die Abbildungen stammen aus der sehr schönen, mit Goldfolie bedruckten Version, die unter dem Namen »Visconti Tarot« im Handel erhältlich ist.

Wachstum
Zehn der Stäbe

XI
Stärke

XII
DER GEHÄNGTE

RITTER DER SCHWERTER

X

L'APPESO

3

7

Voyager Tarot

Jim Wanless / Ken Knutson, 1985. 78 Karten, 95 x 140 mm. ISBN 3-933939-12-7.

Eines der großen modernen Tarot-Spiele der Welt. Sein Stil ist unvergleichlich. Jede Karte besteht aus unzähligen Bildern, Fotos und Grafiken, die zu einer wirkungsvollen Collage montiert sind – ein Feuerwerk fürs Auge. Wie ein farbenprächtiges Kaleidoskop vermitteln diese Karten sinnliche Sensationen und eine bemerkenswerte Beruhigung und Befriedigung. Manche fühlen sich an die Pracht und die optische Sättigung der ersten farbigen Hitchcock-Filme erinnert. Andere vergleichen diese Karten mit psychodelischen Trips und Filmen der Hippie-Zeit. Und in diesem Tarot steckt noch mehr.

Waite-Tarot

Arthur E. Waite / Pamela Colman Smith, 1909. 78 Karten, div. Größen, z. B. ISBN 3-927808-13-X (Standardgröße 70 x 120 mm) oder ISBN 3-927808-15-6 (Pocketgröße 52 x 89 mm).

Das Tarot von Arthur E. Waite und Pamela Colman Smith entstand aus der Tradition der klassischen Esoterik und hob zugleich die zuvor üblichen Darstellungsformen auf. Seine Urheber haben zum ersten Mal in der Tarot-Geschichte Bildszenen für *alle* kleinen Arkana geschaffen. Viele Karten bekamen erstmals ein Gesicht! Seitdem spielen nicht nur Überlegungen und Vorstellungen in der Kartenbetrachtung eine Rolle. Hinzu gekommen ist die eigene sinnliche Anschauung, die einen *erfahrbaren* und persönlich überprüfbaren Anhaltspunkt in die Interpretation der Karten einführt.

Zwergen Tarot

Antonio Lupatelli, 1987. 78 Karten, 66 x 120 mm. ISBN 3-933939-71-7 – auch als

Kleinstes Tarot der Welt

Antonio Lupatelli, 1987. 22 Miniaturkarten, 14 x 22 mm. ISBN 3-927808-67-9.

Ein originelles und humorvolles Tarot, das große und kleine Tarot-Freunde anspricht. Liebevolle Zeichnungen zeigen die Welt der Wichtel, Gnome und Zwerge. Es gibt diese Karten in der Größe üblicher Spielkarten, aber auch im »Original-Zwergenformat« als kleinstes Tarot der Welt. Man hat seinen Spaß daran, unabhängig davon, ob man an Tarot oder einfach an diesen Karten als einem beweglichen Bilderbuch interessiert ist. Für Tarot-Kenner eröffnen sich zusätzlich lustvolle Interpretationsideen.

Bildquellennachweis

Ägyptisches Tarot – Ramses Tarot der Ewigkeit: © 2003 Lo Scarabeo, Turin/Italien – Ägyptisches Tarot: © Naipes H. Fournier, Vitoria/Spanien – Altägyptisches Tarot: © 1994 Lo Scarabeo, Turin/Italien
Altes italienisches Tarot © 1996 Lo Scarabeo, Turin/Italien
Blumenelfen Tarot © 2003 Lo Scarabeo, Turin/Italien
Crowley-Tarot © 1986 Ordo Templi Orientis, Austin, TX/USA / AGM AG Müller, Neuhausen/Schweiz
Dalí-Tarot © Naipes Comas, Barcelona/Spanien / Königsfurt Verlag, Krummwisch/Deutschland
Tarot der Drachen © 2004 Lo Scarabeo, Turin/Italien
Elfenzauber Tarot © 1998 Lo Scarabeo, Turin/Italien
Experimental Tarot © 1990 AGM AG Müller, Neuhausen/Schweiz / S.G. Kossatz, Hamburg/Deutschland / Königsfurt Verlag, Krummwisch/Deutschland
Giotto Tarot © 2001 Lo Scarabeo, Turin/Italien
Golden Dawn-Tarot © 1977 U.S. Games Systems, Stamford, CT/USA
Haindl-Tarot © 1988 Droemer Knaur, München/Deutschland
Hanson-Roberts-Tarot © 1984 U.S. Games Systems, Stamford, CT/USA
Herr der Ringe-Tarot © 1997 U.S. Games Systems, Stamford, CT/USA
Kristall Tarot © 1986 Lo Scarabeo, Turin/Italien
Liber T Tarot © 2004 Lo Scarabeo, Turin/Italien
Margarete Petersen-Tarot © 2001 Königsfurt Verlag, Krummwisch/Deutschland
Marseiller Tarot – a) durchgängig im Buch (S. 50 – 135): © Naipes H. Fournier, Vitoria/Spanien – b) im Album (S. 148) © 1996 Carta Mundi, Turnhout/Belgien
Morgan-Greer-Tarot © 1979 U.S. Games Systems, Stamford, CT/USA
Motherpeace Tarot © 1981 Karen Vogel/Vicki Noble, USA
Osho Zen Tarot © 1994 AGM AG Müller, Neuhausen/Schweiz
Primavera Tarot © 1998/2002 Lo Scarabeo, Turin/Italien
Renaissance Tarot © 1995 Lo Scarabeo, Turin/Italien
Röhrig Tarot © 1993 Aquamarin Verlag, Grafing/Deutschland / Königsfurt Verlag
Sola Busca Tarot © 1996 Lo Scarabeo, Turin/Italien
Teen Witch Tarot © 2003 Lo Scarabeo, Turin/Italien
Vice Versa Tarot © 2003 Lo Scarabeo, Turin/Italien
Visconti Tarot © 1997 Lo Scarabeo, Turin/Italien
Voyager Tarot © 1985 Merrill West, Carmel, CA/USA / Königsfurt Verlag, Krummwisch/Deutschland
Waite, Tarot von A.E. Waite © 1993 Königsfurt Verlag, Krummwisch/Deutschland
Zwergen Tarot / Kleinstes Tarot der Welt © 1987 Lo Scarabeo, Turin/Italien

Wir danken allen Verlagen für die freundliche Abdruckgenehmigung, insbesondere den Firmen AG Müller und Naipes H. Fournier für die Abbildung aller 78 Karten aus dem Crowley-Tarot bzw. aus der Fournier-Version des Tarot de Marseille auf den S. 50 - 135.

Eine Referenz auch an den Verlag Lo Scarabeo aus Turin, der sich durch besondere Kreativität bei der Entwicklung von Künstlerkarten und neuen Tarot-Themen auszeichnet (s. Album, S. 138 – 155). Anfragen für Tarot-Decks von Lo Scarabeo an den Königsfurt Verlag, Generalvertretung für Lo Scarabeo im deutschsprachigen Raum.

Weitere Hinweise

Wenn Sie mehr mit Tarot erleben möchten, empfehlen wir Ihnen auch folgende Bücher:

Detaillierte Erklärung aller Einzelsymbole der Waite-Karten in:
Evelin Bürger / Johannes Fiebig: Tarot – Wege des Glücks.
Die Bildersprache des Waite-Tarot – neu entschlüsselt.
240 Seiten, ISBN 3-927808-00-8.

Detaillierte Erklärung aller Einzelsymbole der Crowley-Karten in:
Evelin Bürger / Johannes Fiebig: Tarot – Wege der Wandlung.
Die Symbolsprache des Crowley-Tarot – neu entschlüsselt.
240 Seiten, ISBN 3-927808-16-4.

Mehr Informationen zu Tarot & Astrologie erhalten Sie in:
Evelin Bürger / Johannes Fiebig: Das große Buch der Tarot-Legemuster.
Praxistips und über 100 Legemuster für alle Tarot-Sorten.
224 Seiten, ISBN 3-89875-527-4 *(darin S. 45-50, 173-192)*

Es gibt auch eine kostenlose Tarot-Zeitschrift:
Die ***TRAUM-ZEITung – Märchen, Mythen, Träume, Tarot & Co.*** – erscheint zweimal im Jahr (April und Oktober) und ist im Buchhandel *gratis* erhältlich. Fragen Sie in Ihrer Buchhandlung danach. Sie können ein kostenloses Probeheft auch bei der Redaktion anfordern (mit frankiertem Rückumschlag): TRAUM-ZEITung, D-24796 Krummwisch, E-Mail: tarot-traum-zeitung@t-online.de. Im Internet: www.tarot-online.com.